France Choquette

Croque-math

3ᵉ année

Cahier d'activités mathématiques
pour les enfants de 8 et 9 ans

TRÉCARRÉ

Catalogage avant publication de la Bibliothèque nationale du Canada
Choquette, France

Croque-math : cahier d'activités mathématiques

2e éd.

Sommaire : 1. Pour les enfants de 6 et 7 ans – 2. Pour les enfants de 7 et 8 ans
3. Pour les enfants de 8 et 9 ans – 4. Pour les enfants de 9 et 10 ans – 5. Pour les
enfants de 10 et 11 ans – 6. Pour les enfants de 11 et 12 ans.

ISBN 2-89568-156-2

1. Mathématiques – Problèmes et exercices – Ouvrages pour la jeunesse.
2. Apprentissage de paires associées – Problèmes et exercices – Ouvrages pour
la jeunesse. I. Titre.

QA139.C45 2004   510'.76   C2004-941036-9

*Nous reconnaissons l'aide financière du gouvernement du Canada par
l'entremise du Programme d'Aide au Développement de l'Industrie de l'Édition
pour nos activités d'édition.*

Nouvelle édition préparée par :
  Rivest et associés

Couverture :
  Kuizin studio

Conception graphique et illustrations :
  Christine Battuz

Mise en pages :
  Infoscan Collette inc.

© 1998, Éditions du Trécarré
© 2004, Éditions du Trécarré

ISBN : 2-89568-156-2

Dépot légal – 2004
Bibliothèque nationale du Québec

Imprimé au Canada

Éditions du Trécarré
7, chemin Bates, Outremont (Québec) H2V 4V7 Canada

Table des matières

3

Des activités pleines de rebondissements

Du soleil à profusion!

Spécial de fin d'année!

Tout un été pour s'amuser !

Le corrigé

L'index des sujets

6

Lettre aux parents

Merci d'avoir choisi Croque-math. Nous avons conçu ce livre pour vous permettre de faire avec votre enfant un survol amusant de la matière qui est habituellement vue en troisième année. Les activités que
vous y trouverez respectent le contenu du nouveau Programme de formation de l'école québécoise pour le deuxième cycle en mathématique et sont prévues pour être un complément à ce que votre enfant verra en classe.

Nous espérons que votre enfant et vous aurez beaucoup de plaisir à faire ensemble les activités que nous vous proposons.

Bonne mathématique !

L'équipe de rédaction de Croque-math

7

Présentation

Salut à toi !

Je te souhaite la bienvenue. Je suis ta nouvelle amie. Je m'appelle Sarah. Avec moi, tu feras toutes sortes d'activités mathématiques.
Tu t'amuseras tout en apprenant à observer, à chercher, à penser et à calculer.

Alors, partons ensemble pour croquer...
les chiffres et les nombres !

Ton amie,
Sarah

8

Une rentrée foudroyante!

D'un chiffre à l'autre...

1. Sarah a préparé des devinettes mathématiques pour ses amis. Écris le chiffre qui va dans le carré.

a)
$$\begin{array}{r} 25 \\ \times\ 6 \\ \hline ♥♥■ \\ 0\ 5\ 6 \end{array}$$

b)
$$\begin{array}{r} 131 \\ \times\ 4 \\ \hline ♥♥■ \\ 2\ 4\ 6 \end{array}$$

c)
$$\begin{array}{r} 492 \\ \times\ 8 \\ \hline ♥♥■ \\ 4\ 6\ 8 \end{array}$$

d)
$$\begin{array}{r} 1249 \\ \times\ 7 \\ \hline ♥♥♥■ \\ 1\ 3\ 9 \end{array}$$

e)
$$\begin{array}{r} 59 \\ +\ 23 \\ \hline ■♥ \\ 7\ 8\ 9 \end{array}$$

f)
$$\begin{array}{r} 243 \\ +\ 32 \\ \hline ■♥♥ \\ 2\ 3\ 4 \end{array}$$

g)
$$\begin{array}{r} 318 \\ \times\ 2 \\ \hline ■♥♥ \\ 6\ 7\ 8 \end{array}$$

h)
$$\begin{array}{r} 293 \\ \times\ 3 \\ \hline ■♥♥ \\ 6\ 7\ 8 \end{array}$$

2. Encercle le résultat qui te semble le bon.

a) 29×3	=	67	87	89
b) $274 + 149$	=	411	419	423
c) $108 \div 6$	=	9	18	40
d) $437 - 215$	=	222	141	135
e) 214×6	=	1 228	1 416	1 284
f) $619 + 2431$	=	3 050	8 621	6 479

Un bingo à déchiffrer

L'enseignante de Sarah a organisé un super bingo
pour fêter la première semaine d'école.
Parmi les cinq élèves suivants, trouve celui ou celle qui a gagné.

B	I	N	G	O
6	19	39	48	63
1	22	31	52	61
12	17	*	60	68
4	25	34	56	73
10	29	40	53	75

Karine

B	I	N	G	O
4	23	36	46	71
13	16	41	48	60
2	30	*	49	73
7	29	32	53	69
11	18	44	60	74

Ming

B	I	N	G	O
3	20	45	60	66
15	18	33	59	72
14	29	*	46	68
9	26	32	50	62
7	24	42	54	70

Simon

**Fais un X sur les nombres que tu retrouves dans
les cartes de bingo ci-dessus.
Le gagnant ou la gagnante doit réussir une ligne diagonale.**

1. B → onze	9. G → quarante-sept	17. O → soixante et onze
2. G → cinquante-deux	10. I → vingt-huit	18. I → vingt-neuf
3. B → douze	11. O → soixante-treize	19. G → cinquante-neuf
4. O → soixante	12. B → un	20. O → soixante-trois
5. B → sept	13. B → dix	
6. I → dix-huit	14. O → soixante-quinze	
7. I → vingt-cinq	15. I → vingt-sept	
8. O → soixante-neuf	16. N → quarante-cinq	

Le gagnant ou la gagnante est : _____

C'est une question d'habileté!

Sarah s'amuse à trouver les réponses
à des questions d'habileté en mathématique
dans la revue *Les Petits Génies*.
Aide-la à compléter ces pages.

1. Trouve tous les nombres compris entre 0 et 100 qui contiennent au moins un 7.

   _____

2. Quel est le nombre formé de 7 unités et de 3 dizaines?

   _____

3. Combien y a-t-il de chiffres dans le nombre 53?

   _____

4. Regarde bien cette suite de nombres: 63-64-65-66. Est-elle en ordre croissant ou décroissant?

   _____

5. Quelle est la somme de 9 et de 7?

   _____

6. Combien peut-on faire de paquets de 8 bâtonnets avec 80 bâtonnets?

   _____

7. Quel est le nombre compris entre 60 et 70 qui a un 3 à la position des unités?

   _____

8. Quelle est la différence entre 13 et 5?

   _____

9. Ajoute 2 dizaines au nombre 36.

   _____

10. Combien existe-t-il de chiffres?

   _____

Le carré magique

Dans un carré magique, la somme est toujours la même dans chaque rangée, chaque colonne et chaque diagonale. Place les chiffres 1, 3, 4, 7, 8 et 9 dans le carré magique suivant.

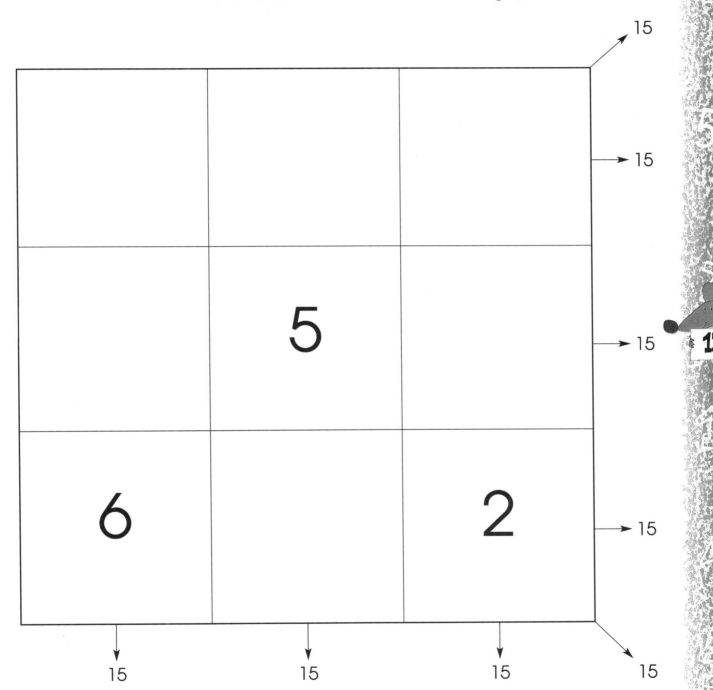

13

À vos crayons...
un peu de révision !

Sarah est un peu distraite.
Elle a écrit les réponses à ces équations au mauvais endroit.
À toi de les remettre où il faut.

a) 28
  + 11
  _____

h) 64
  − 51
  _____

c) 60
  + 17
  _____

g) 56
  − 17
  _____

l) 56
  − 38
  _____

b) 35
  + 23
  _____

e) 67
  + 25
  _____

k) 87
  − 28
  _____

f) 39
  + 34
  _____

j) 90
  − 23
  _____

d) 83
  + 17
  _____

i) 72
  − 60
  _____

39   100   77   92   18

58   21   67

12   73   13   59

Facteur de risque

Sarah s'amuse avec les facteurs.

1. Voici les facteurs premiers d'un nombre. Lequel ?
   Encercle ta réponse.

facteurs de

a)	1	2	3	4	6	12
b)	1	2	4	5	10	20
c)	1	3	5	15		
d)	1	7	49			

a) 6   12   18

b) 12   16   20

c) 15   25   30

d) 14   21   49

e)	1	2	3	6	7	14	21	42

e) 42   36   64

2. Trouve les nombres qui manquent.

facteurs de

a)		2	11				
b)	1	2	3		6	10	15	
c)		2		8			
d)			3	4	6		

a) _____

b) _____

c) _____

d) _____

Petit truc :
Pour trouver les facteurs qui manquent, je multiplie les nombres comme suit :

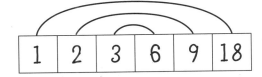

1	2	3	6	9	18

Le marché scolaire

Sarah a obtenu beaucoup de jetons scolaires à l'école.
Elle regarde ce que ses amis ont reçu et se demande bien
ce qu'ils pourront s'offrir avec ces jetons.
Réponds aux questions ci-dessous.

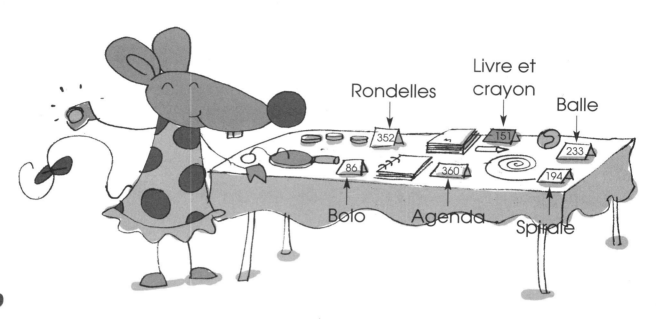

Rondelles — 352
Livre et crayon — 151
Balle — 233
Boîo — 86
Agenda — 360
Spirale — 194

Julien — 510

Stéphane — 223

Danielle — 358

Isabelle — 871

Élaine — 726

Mathieu — 929

Questions

1. Qui a reçu le plus de jetons ?

   _____

2. Que pourra s'acheter
   Stéphane avec ses jetons ?

   _____

3. Combien de jetons Isabelle
   a-t-elle reçu de plus que
   Julien ?

4. Combien de jetons Stéphane
   et Danielle ont-ils ensemble ?

   _____

5. Si Mathieu achète les rondelles,
   combien lui restera-t-il de
   jetons ?

   _____

Le nombre caché

**Pour trouver le nombre qui est caché,
suis bien les consignes ci-dessous.**

36	91	79	98	85	97
73	13	49	20	32	60
46	55	93	82	10	72
25	67	40	4	51	9
90	23	80	17	70	52
71	18	22	64	16	15

Le nombre caché
est le :

Fais un ✗ sur :

1. tous les nombres qui ont un 1 comme dizaine.
2. tous les multiples de 10.
3. tous les nombres qui ont un 3 à la position des unités.
4. tous les nombres impairs compris entre 61 et 98.
5. tous les nombres qui ont ($8 \div 4 = $) à la position des unités.
6. tous les nombres carrés.
7. tous les nombres entre 44 et 57.

Plus petit, plus grand ou égal?

1. Sarah et ses amis ont vidé leur tirelire. Ils s'amusent à comparer des montants d'argent. Place le signe approprié (<, > ou =) dans les carrés.

a) Sarah  ⬜ ou Judith

b) Philip ⟨10¢⟩⟨10¢⟩⟨10¢⟩ ⬜ ou Sarah

c) Judith ⟨5¢⟩⟨5¢⟩⟨5¢⟩⟨10¢⟩ ⬜ ou Philip ⟨25¢⟩⟨10¢⟩⟨5¢⟩

d) Sarah  ⬜ ou Claudia ⟨10¢⟩⟨10¢⟩⟨10¢⟩⟨10¢⟩⟨1¢⟩⟨1¢⟩

e) Claudia  ⬜ ou Judith ⟨25¢⟩⟨1¢⟩

2. Sarah a un devoir à terminer. Aide-la en remplissant les cercles vides.

a) ⑧ ⑥ > ◯ ⑧ > ⑦ ③

b) ⑨ ③ > ⑤ ◯ = ⑤ ③

c) ③ ⑤ < ◯ ④ < ④ ⑨

d) ⑥ ② > ② ◯ < ② ①

18

Une œuvre artistique!

L'oncle de Sarah est peintre. Sarah trouve rigolo
de retrouver toutes sortes de formes sur la toile de son oncle.
C'est vraiment moderne!

Complète le tableau suivant en plaçant au bon endroit
la lettre identifiant chaque forme. Attention! Certaines lettres
peuvent aller à plus d'un endroit!

	A au moins un angle droit	A au moins un angle aigu	A au moins un angle obtus
Quadrilatère			
Autre polygone			

Prenons « l'aire »

Sarah veut acheter un tapis pour mettre à côté de son lit. Elle voudrait avoir le plus grand tapis.

Calculer l'aire d'une figure, c'est trouver la grandeur de sa surface.

1. Encercle le tapis que Sarah choisira. Pour t'aider, sépare chaque tapis en carrés-unités.

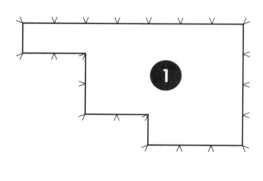

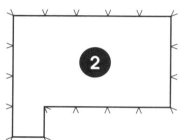

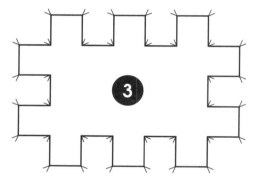

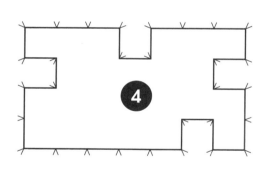

2. Place les figures suivantes en ordre décroissant selon la surface qu'elles occupent.

a)
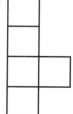

b)
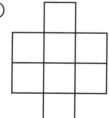

c)
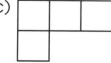

d)
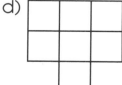

Ordre décroissant : _____

La maison de Sarah

Sarah a dessiné le plan de sa maison. Il ne lui reste
qu'à le colorier. Aide-la en suivant bien les consignes ci-dessous.

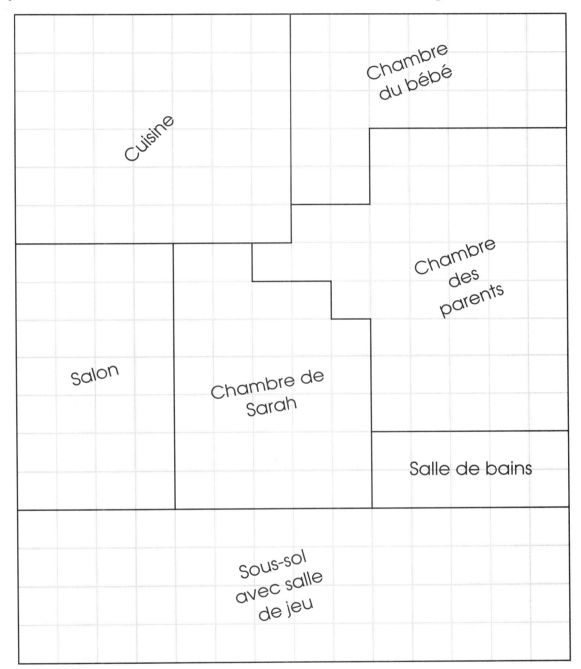

**Colorie en ordre croissant les pièces de la maison
selon la surface qu'elles occupent.**

1. Bleu (la plus petite)
2. Rouge (2e)
3. Vert (3e)
4. Jaune (4e)
5. Rose (5e)
6. Orange (6e)
7. Mauve (la plus grande)

Les blocs

Sarah a reçu un cadeau de sa marraine. Elle s'est empressée de jouer avec ses nouveaux blocs de toutes les formes.

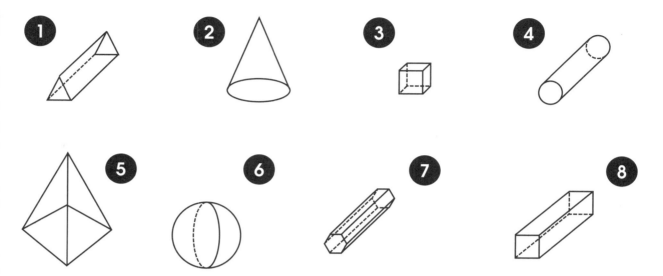

Sarah a remarqué que les faces des solides ont différentes formes. Indique quelle forme ont les faces de chaque solide en faisant un ✗ dans les bonnes colonnes, comme dans l'exemple.

Solide	Figures				
	Triangle △	Cercle ◯	Rectangle ▭	Carré ☐	Hexagone ⬡
1	✗		✗		
2					
3					
4					
5					
6					
7					
8					

22

À parts égales !

Fais un ✗ sur les objets qui sont symétriques.

23

Une hauteur à sa mesure...

Sarah se demande si on doit utiliser un mètre ou un décimètre pour mesurer les différents objets qu'elle a vus en se promenant ce matin. Aide-la en faisant un X dans la bonne colonne.

	dm	m
1		
2		
3		
4		
5		
6		
7		

24

À chaque objet sa mesure !

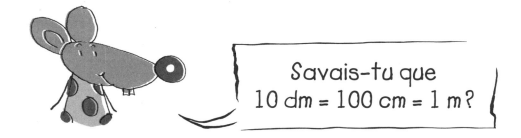

Savais-tu que
10 dm = 100 cm = 1 m ?

Sarah a fait un devoir sur les mesures.
Corrige son travail en indiquant si d'après toi
ses mesures sont vraies ou fausses.

Objet	Mesure	Vrai ou faux ?
○ 1. Crayon de bois	12 cm	
2. Règle	3 dm	
3. Chaise	3 m	
4. Feuille mobile	5 dm	
5. Gomme à effacer	2 dm	
○ 6. Bureau	13 cm	
7. Tableau	4 m	
8. Corbeille à papier	1 m et 3 dm	
9. Porte	2 m	
10. Fenêtre	1 dm et 4 cm	
11. Clavier d'ordinateur	6 cm	
○ 12. Calculatrice	50 dm	

25

Je grandis, moi aussi !

Sarah doit remettre en ordre les pages de son journal de bébé.
Ces pages indiquent la taille qu'elle mesurait à plusieurs âges.
Aide-la ! Replace sur chaque page l'âge que Sarah avait
lorsqu'on l'a mesurée, comme dans l'exemple.

Exemple :

À 1 an

Je mesurais 8 dm

1 m et 5 cm

67 cm

2 dm et 5 cm

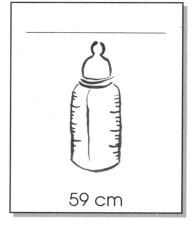

59 cm

À 4 ans
À 6 ans
Dans le ventre
de maman
À 2 mois
À 6 ans
À 8 ans

1 m et 20 cm

1 m et 25 cm

Joyeux anniversaire, Sarah !

Trace une carte d'anniversaire rectangulaire pour Sarah, de 10 cm de largeur sur 15 cm de hauteur. Écris-lui un petit message à l'intérieur.

27

Vu d'un autre angle

Aide Sarah à démêler tous ces angles.
Colorie les angles droits en rouge.
Colorie les angles aigus en vert.
Colorie les angles obtus en bleu.

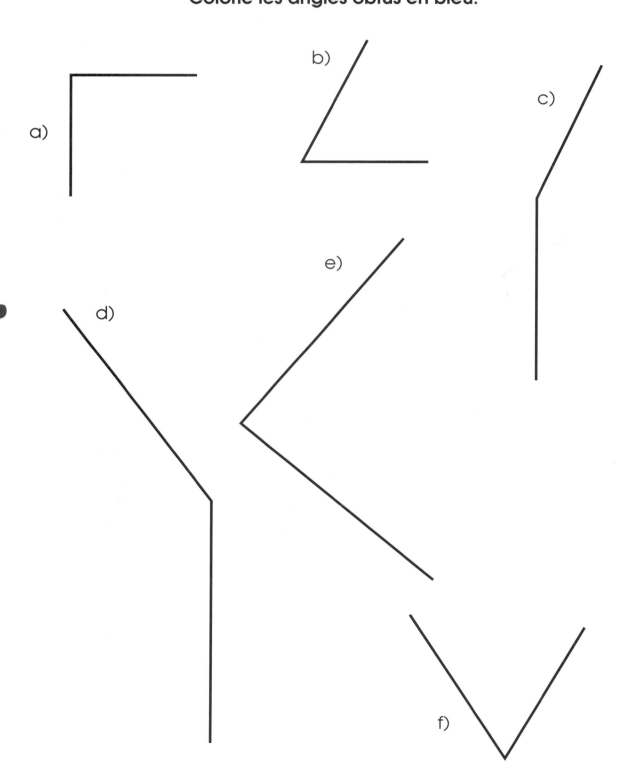

28

La 3ᵉ année, c'est toute une année!

Un «casse-tête» de nombres

Sarah adore se «casser la tête». Elle t'a fabriqué un petit jeu.
Trouve ce que signifient les flèches et complète cette feuille.

$\sim\!\!\!\longrightarrow$ = _____

$\longrightarrow$ = _____

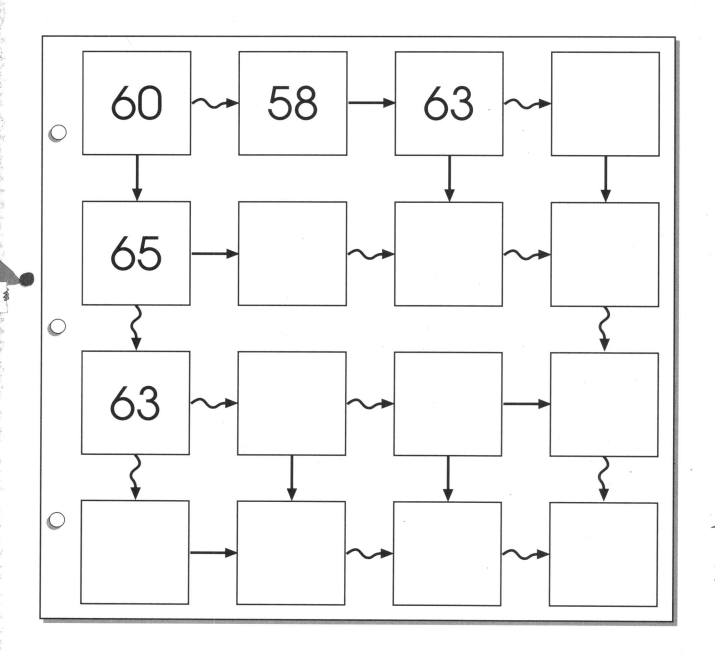

Des nombres à classer

1. Sarah aide sa mère à classer des fiches de recettes. Il y en a beaucoup. Voici les numéros des fiches que Sarah doit classer. Aide-la à les placer au bon endroit.

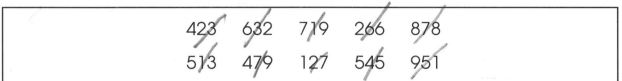

423   632   719   266   878

513   479   127   545   951

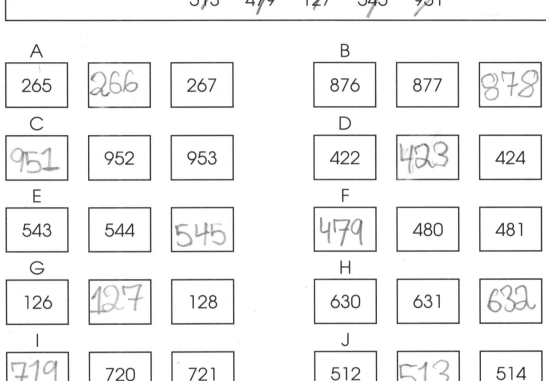

A

| 265 | 266 | 267 |

B

| 876 | 877 | 878 |

C

| 951 | 952 | 953 |

D

| 422 | 423 | 424 |

E

| 543 | 544 | 545 |

F

| 479 | 480 | 481 |

G

| 126 | 127 | 128 |

H

| 630 | 631 | 632 |

I

| 719 | 720 | 721 |

J

| 512 | 513 | 514 |

2. a) Encercle les chiffres qui occupent la position des dizaines.

| 67 | 236 | 458 | 903 | 1 222 | 2 146 |

b) Encercle les chiffres qui occupent la position des centaines.

| 421 | 800 | 1 021 | 1 613 | 2 141 | 6 261 |

Bijouterie La Coquetterie

Sarah et son père se rendent à la petite bijouterie du coin.
Ils doivent y acheter un cadeau pour l'anniversaire de maman.

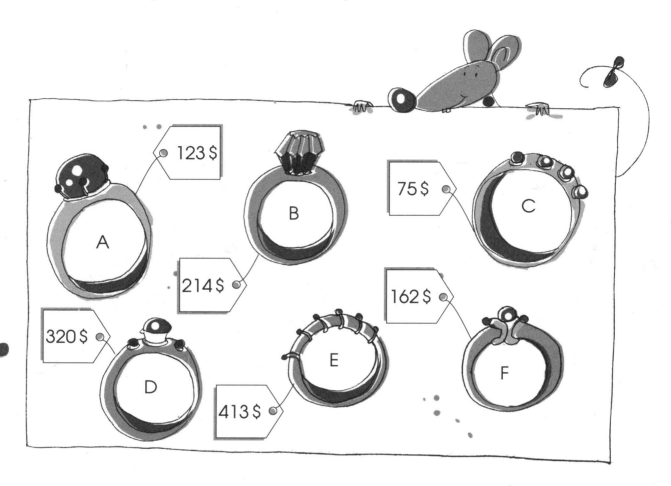

1. **Quel est le prix de la bague la moins chère ?** _75 $_

2. **Quel est le prix de la bague la plus chère ?** _413 $_

3. **Si le bijoutier offre un rabais de 24 $ sur toutes les bagues, quel sera le prix de la bague E ?** _____

4. **Quelle est la différence de prix entre la bague F et la bague C :**

   a) avant le rabais ? _____

   b) après le rabais ? _____

Probable ou non?

Sarah se pose bien des questions. Aide-la à y répondre
en encerclant ce qui est plus probable.

1. Sarah a un bouquet contenant 8 tulipes jaunes et 3 tulipes rouges.
Si elle prend deux tulipes de la même couleur, quelle paire est-il
le plus probable qu'elle prenne?

deux tulipes jaunes   deux tulipes rouges

2. Pour le dessert, il y a sur la table une boîte contenant 6 beignes.
Deux de ces beignes sont à la vanille et les autres sont au chocolat.
Si Sarah prend deux beignes, quelle paire est la plus probable?

2 beignes au chocolat   1 beigne au chocolat
et 1 à la vanille

3. Au resto Chez Mamie, on sert du poulet deux soirs par semaine,
du poisson un soir par semaine et des pâtes trois soirs par semaine.
Si Sarah va y manger ce soir, qu'a-t-elle le plus de chance
de retrouver au menu?

du poisson   du poulet   des pâtes

Un jeu savoureux !

Trouve les réponses des soustractions suivantes.
Barre ces réponses au bas de la page.
Les lettres qu'il te restera formeront un mot mystère.

	Calculs			Calculs
1 $576 - 171 =$ _____		**2** $785 - 303 =$ _____	
3 $65 - 21 =$ _____		**4** $237 - 208 =$ _____	
5 $919 - 481 =$ _____		**6** $163 - 89 =$ _____	
7 $335 - 276 =$ _____		**8** $357 - 148 =$ _____	
9 $913 - 248 =$ _____		**10** $580 - 422 =$ _____	
11 $736 - 673 =$ _____		**12** $659 - 380 =$ _____	

74	U	59	W	29	M	158	Z	279	I
438	H	162	E	239	S	573	P	122	A
209	F	661	Q	172	U	44	G	304	E
665	A	482	O	63	Z	425	T	405	S

Le mot mystère est le nom d'un fruit.

La réponse est : _____

34

Et c'est le but!

**Sarah et son père ont reçu des billets pour un match de hockey.
Ils sont à la recherche de leur siège.
Peux-tu les aider en te servant des indices ci-dessous?**

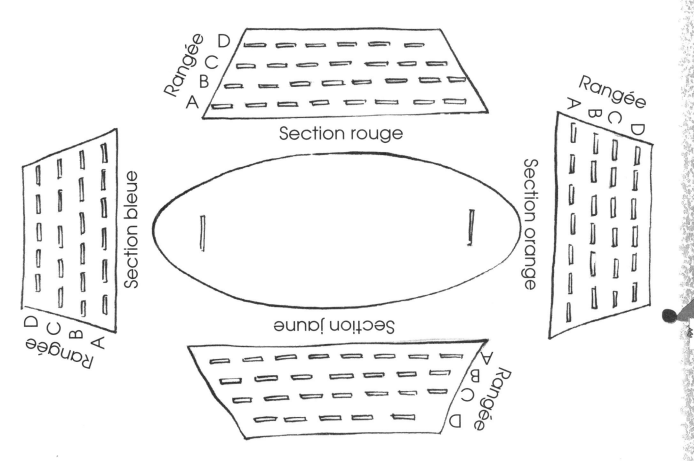

Fais un ✗ sur le bon siège.

– Sarah est assise dans une section d'une des couleurs d'un feu de circulation.

– Quand elle est assise à sa place, la section orange est à sa gauche.

– Il y a deux rangées de personnes assises devant Sarah.

– Dans sa rangée, il y a autant de personnes assises à la droite de Sarah qu'il y en a d'assises à sa gauche.

Des chiffres manquants

Sarah a fait son devoir de mathématique,
mais son frère s'est amusé à effacer certains chiffres.

1. Aide-la à trouver les chiffres qui manquent.

```
  1 3 7          1 7 6          2 □ 5          1 5 4
+ 1 □ 5        + 1 1 □        + 2 4 3        + 2 2 4
─────────      ─────────      ─────────      ─────────
  3 2 2          2 8 9          4 6 8          3 □ □


  3 3 5          2 □ 0          4 5 2          3 0 0
- 1 8 □        -   9 8        - □ 7 5        - 1 □ 0
─────────      ─────────      ─────────      ─────────
  1 4 9          1 0 2            7 7          1 5 0
```

**2. Prends les chiffres que tu as écrits dans les carrés, dans l'ordre,
et, à l'aide du code suivant, trouve le nom du frère de Sarah.**

Code
1 = p	6 = t
2 = b	7 = a
3 = e	8 = s
4 = o	9 = r
5 = n	0 = i

□ □ □ □ □ □ □ □ □

36

Des multiplications à profusion

Sarah joue aux cartes avec sa mère.
Chaque fois, elles tournent toutes deux une carte et elles
doivent multiplier les nombres sur les cartes. La première
à trouver la réponse marque autant de points que la réponse.

1. Trouve les cartes ou les réponses qui manquent.

a) 9 ♥ 9 × 2 ♠ 2 = ☐

f) 5 ♠ 5 × ☐ = 10

b) 3 ♦ 3 × A ♣ A = ☐

g) A ♥ A × A ♣ A = ☐

c) 2 ♥ 2 × ☐ = 6

h) 3 ♠ 3 × 3 ♦ 3 = ☐

d) 6 ♣ 6 × A ♠ A = ☐

i) A ♦ A × ☐ = 8

e) ☐ × 5 ♦ 5 = 5

j) 3 ♥ 3 × ☐ = 15

2. Sarah a gagné les tours a, d, g, h et i. Sa maman a gagné les autres.

a) Combien de points a gagnés Sarah ? _____

b) Combien de points a gagnés la maman de Sarah ? _____

37

Des biscuits pour tous les goûts

La tante de Sarah vend des biscuits en forme d'animaux.
Aujourd'hui, Sarah l'aide à faire son inventaire.
Voici combien il reste de chaque sorte de biscuit.

586	856	658	568	685	865	786	876	768	678
renard	baleine	oiseau	chat	mouton	poule	bœuf	lapin	canard	chien

Identifie la sorte de biscuit comptée dans chacune de ces devinettes mathématiques.

a) 6 centaines 8 unités 5 dizaines	b) 5 unités 6 dizaines 8 centaines	c) 8 unités 5 centaines 6 dizaines
d) 86 + 500	e) 6 + 70 + 800	f) 600 + 70 + 8
g) 5 dizaines 6 unités 8 centaines	h) 7 centaines 6 dizaines 8 unités	i) 8 dizaines 7 centaines 6 unités
j) 8 + 700 + 60	k) 80 + 5 + 300 + 300	l) 300 + 8 + 60 + 400

38

Nombres croisés

Remplis la grille ci-dessous à l'aide des indices que Sarah t'a laissés.

Horizontalement

1. Nombre qui précède 26.
   Un nombre malchanceux.
   $3 \times 12 = ?$

2. 3 de plus que 17.
   Qui vient après 178.

3. $15 \div 3 = ?$
   $12 + 12 = ?$
   5 centaines, 3 unités et
   2 dizaines.

4. $27 \times 0 = ?$
   $40 + 600 + 7 = ?$

5. Combien d'argent font 2 billets
   de 50 $ et un billet de 10 $?
   $36 \div 4 = ?$
   Combien y a-t-il de jours dans
   le mois de décembre ?

6. 2 unités et 6 dizaines.
   $130 + 65 + 83 = ?$

Verticalement

A) 25 unités et 2 centaines.
   $48 \div 3 = ?$

B) Complète la suite :
   20-30-40- ?
   $2 \times 6 = ?$

C) 2 centaines.

D) $482 - 368 = ?$
   Le plus petit nombre premier.

E) 7 unités et 3 dizaines.
   $380 + 317 = ?$

F) Entre 953 et 955.
   $56 \div 7 = ?$

G) Nombre de facteurs de 25.
   3 unités, 7 dizaines et
   2 centaines.

H) Nombre de facteurs de 12.
   $4 \times 2 - 5 = ?$
   $3 \times 5 = ?$

39

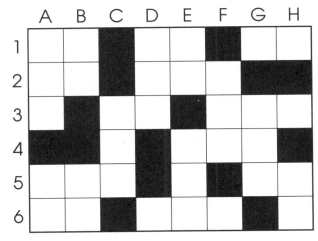

Un cadenas à numéros

Sarah s'est acheté un cadenas à numéros, mais elle en a oublié la combinaison. Elle se souvient que c'est une combinaison à trois chiffres qui ne contient que des 7 et des 9, mais elle ne sait plus dans quel ordre ils vont. Aide-la à trouver toutes les combinaisons possibles avec ces deux chiffres.

1er chiffre	2e chiffre	3e chiffre	combinaison
7	7	7	
		9	
	9	7	
		9	
9	7	7	
		9	
	9	7	
		9	

Multiplions, les champions !

Colorie de la même couleur les multiplications
qui donnent le même résultat.

$0 \times 5 =$ ☐

$12 \times 1 =$ ☐

$2 \times 10 =$ ☐

$3 \times 8 =$ ☐

$4 \times 0 =$ ☐

$4 \times 6 =$ ☐

$3 \times 6 =$ ☐

$2 \times 6 =$ ☐

$0 \times 8 =$ ☐

$2 \times 9 =$ ☐

$3 \times 0 =$ ☐

$4 \times 5 =$ ☐

$3 \times 4 =$ ☐

$10 \times 2 =$ ☐

$12 \times 2 =$ ☐

$6 \times 2 =$ ☐

$0 \times 7 =$ ☐

$5 \times 4 =$ ☐

$6 \times 4 =$ ☐

$4 \times 3 =$ ☐

$6 \times 3 =$ ☐

41

Vive le partage !

Sarah t'invite à jouer avec les fractions.

1. Dans chaque dessin, colorie la fraction indiquée.

a) $\frac{1}{2}$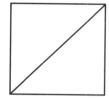

b) $\frac{1}{4}$

c) $\frac{1}{5}$

d) $\frac{1}{3}$

2. Résous l'équation suivante en coloriant les fractions demandées.

$$\frac{1}{2} \quad + \quad \frac{1}{2} \quad =$$

Graphiques comiques

Les amis de Sarah lui ont fabriqué un petit jeu.
Aide-la en coloriant les cases demandées. Tu obtiendras des images.

1 Colorie : (C,1) (C,2) (E,1) (E,2)
(D,3) (C,3) (E,3) (E,4) (E,5)
Quelle est l'image que tu vois ?

_____

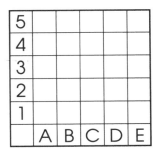

2 Colorie : (B,1) (A,3) (A,2) (E,3) (C,5) (E,1)
(D,4) (D,1) (B,4) (E,2) (C,1) (A,1)
Quelle est l'image que tu vois ?

_____

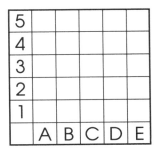

43

3 Colorie : (B,2) (C,2) (D,2) (B,3) (C,3) (B,4)
Quelle est l'image que tu vois ?

_____

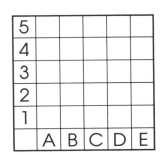

4 Colorie : (B,1) (B,2) (B,3) (B,4) (B,5)
(D,1) (D,2) (D,3) (D,4) (D,5)
(C,1) (C,3) (C,5)
Quel est le chiffre que tu vois ?

_____

Un mobile solide

Sarah a fabriqué un mobile pour le suspendre dans sa classe.

Regarde-le attentivement puis réponds aux devinettes de Sarah.
Ensuite, trouve le nom de chaque solide.

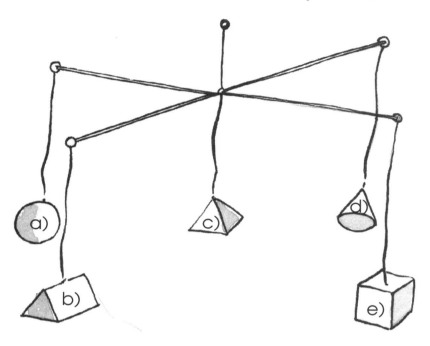

Qui suis-je ?

1. J'ai neuf arêtes, deux faces triangulaires et trois faces rectangulaires.

Je porte la lettre : _____ Mon nom est : _____

2. J'ai six faces et six arêtes pareilles.

Je porte la lettre : _____ Mon nom est : _____

3. J'ai une face carrée et quatre faces triangulaires.

Je porte la lettre : _____ Mon nom est : _____

4. J'ai un seul sommet et une face ronde.

Je porte la lettre : _____ Mon nom est : _____

44

Des «aires» bien connues !

Trouve l'aire des figures suivantes :

1 cm
1 cm 1 cm
1 cm → Un centimètre carré

1 cm → La moitié d'un centimètre carré
1 cm

Exemple :

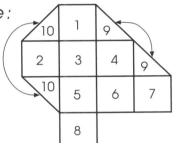

L'aire : 10 centimètres carrés

1

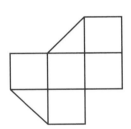

L'aire : _____

2

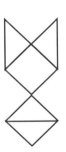

L'aire : _____

3

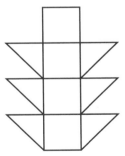

L'aire : _____

4

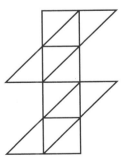

L'aire : _____

5

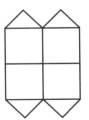

L'aire : _____

45

Ma douce moitié

Sarah a reçu un jeu de symétrie en cadeau.
Elle doit reproduire l'autre moitié de chaque dessin. Aide-la!

Des nombres en forme

Classe ces nombres avec Sarah. Colorie en jaune les formes
contenant des nombres carrés. Ensuite, parmi les nombres qui restent,
colorie en rouge les nombres premiers et en bleu
les nombres composés.

Le festival des décimales

Sarah te propose quelques devinettes sur les nombres décimaux.

1. Trouve les nombres mystères.

a) J'ai un 6 à la position des centaines, un 2 à la position
des dixièmes, un 5 à la position des unités, un 7 à la position
des unités de mille, un 0 à la position des dizaines et
un 8 à la position des centièmes.

Qui suis-je ? _____

b) J'ai 5 dixièmes, 3 centaines, 4 unités de mille, 8 dizaines,
9 centièmes, 2 dizaines de mille et 7 unités.

Qui suis-je ? _____

c) Pour me trouver, ajoute 2 centaines, 4 dixièmes et
enlève 1 centième et 3 unités à 3 549,26.

Qui suis-je ? _____

2. Encercle la réponse qui te semble la bonne.

a)	b)	c)
2,14	51,07	423,87
+ 7,81	+ 73,23	− 173,53
99,5 9,95	154,63 124,3	597,4 250,34

48

Un tapis sur mesure...

1. Le papa de Sarah veut installer un tapis dans les 2 corridors de la maison. Le corridor du bas mesure 6 mètres. Celui du haut est deux fois plus long que celui du bas. Quelle longueur de tapis doit-il acheter pour couvrir les 2 corridors?

_____

2. Le papa de Sarah doit aussi acheter un tapis qui couvrira les marches de l'escalier du sous-sol. Quelle longueur devra mesurer ce tapis?

a) en décimètres _____

b) en mètres _____

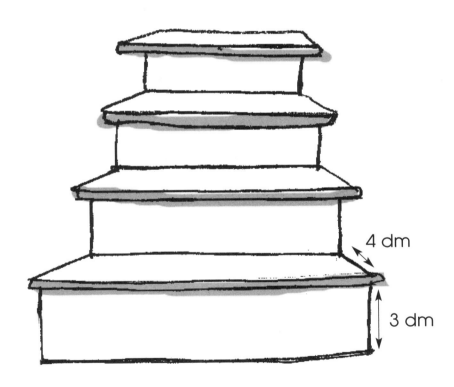

4 dm

3 dm

Des trajets différents

Sarah veut savoir quel est le trajet le plus court
pour se rendre chez son amie. Mesure les trajets avec ta règle.
Encercle le trajet le plus court et fais un ✗ sur le plus long.

C = Sarah   A = Amie

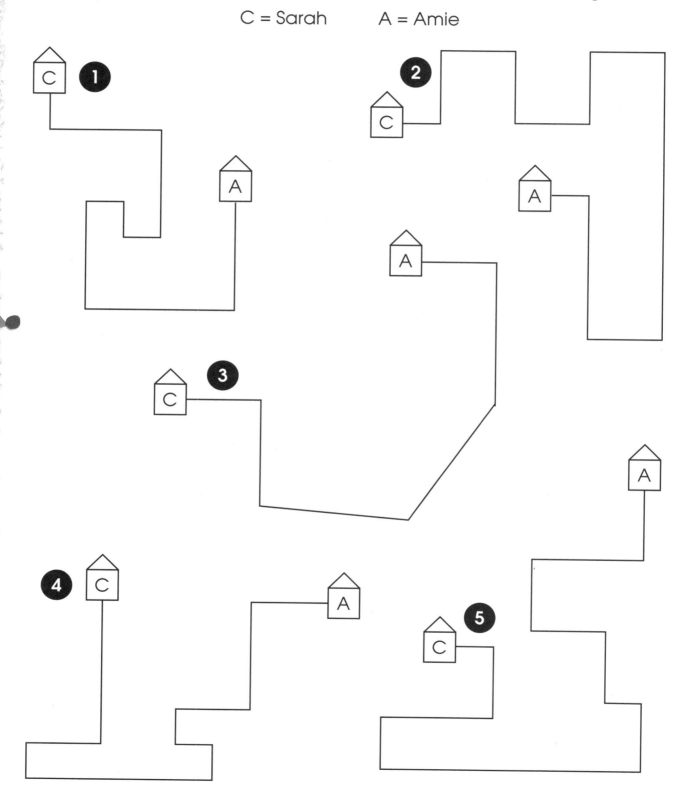

Vrai ou faux?

Observe bien les énoncés ci-dessous et réponds par vrai ou faux selon le cas.

	Vrai	Faux
1. Un arbre mature peut mesurer 5 cm.		
2. Une femme peut mesurer 1 m et 8 dm.		
3. La longueur d'une automobile = 6 m.		
4. Un banc peut avoir une hauteur de 50 cm.		
5. Un pain croûté peut mesurer 4 dm.		
6. Un verre peut mesurer 3 mm de hauteur.		
7. La hauteur d'une marguerite = 4 m.		
8. La largeur d'une gomme à effacer est d'environ 20 mm.		
9. La longueur d'une table = 6 cm.		
10. La longueur d'une règle = 30 cm.		
11. La hauteur d'un chapeau = 10 m.		
12. Un bas peut mesurer 2 dm de hauteur.		

51

Et passe le temps...

Aide Sarah à compter le temps qui passe.

1. Sarah avait son cours de guitare ce matin. Celui-ci dure une heure. Le trajet pour y aller et pour en revenir prend 15 minutes dans chaque direction. Combien de temps Sarah a-t-elle été partie de chez elle en tout ?

_____

2. Karina, l'amie de Sarah, est venue jouer à la maison. Les deux amies ont joué aux charades 40 minutes puis sont allées promener le chien 20 minutes. En revenant, elles ont joué à l'ordinateur pendant 45 minutes puis Karina est repartie chez elle. Combien de temps ont-elles passé ensemble ?

_____

3. La grand-mère de Sarah est partie en vacances. Elle passe 2 jours à Boston, 3 jours à New York et une journée à Toronto. Ses vacances durent-elles plus ou moins d'une semaine ?

_____

4. La tante de Sarah est une grande voyageuse. Dernièrement, elle a passé 5 mois en Tunisie, 3 mois en Inde et 7 mois au Japon. A-t-elle été partie plus ou moins d'un an ?

_____

Des activités pleines de rebondissements

Épreuve de ski alpin

**Trois garçons et trois filles participent à des épreuves de ski alpin.
Voici leurs résultats. Cependant, il manque certains nombres.
Résous les équations pour les trouver.**

 Ingrid
34 + ☐ + 51 = 148

 Jonathan
62 + 49 + ☐ = 207

Sophie
46 + 56 + 28 = ☐

 Habib
☐ + 73 + 84 = 265

 Nina
29 + ☐ + 66 = 198

 Justin
90 + 60 + 37 = ☐

Qui remporte la médaille d'or ? _____

d'argent ? _____

de bronze ? _____

Un problème pour petits génies

Pendant l'anniversaire de Sarah, quatre de ses amis jouent aux fléchettes. À la fin de la première partie, voici les points qu'ils ont accumulés : 90 -100-130-160.

À l'aide des indices ci-dessous, trouve le résultat de chacun et réponds aux questions.

- Avec 10 points de plus, Rosie aurait eu le même total que Monique.

- Pierre a obtenu 30 points de moins que Manon.

- La sœur de Monique a accumulé le plus petit nombre de points.

	90	100	130	160
Pierre				
Rosie				
Manon				
Monique				

Questions :

a) Qui a gagné la partie ? _____

b) Qui a fini deuxième ? _____

c) Quelle est la différence de points entre Rosie et Pierre ?

_____

d) Qui est la sœur de Monique ? _____

Un cadenas spécial

Sarah s'est acheté un cadenas bien spécial. Pour qu'il s'ouvre,
elle doit placer les flèches face à deux nombres dont
la somme égale 27. Utilise les chiffres du tableau
pour trouver toutes les combinaisons possibles.

9	8	10	13
21	19	11	20
17	16	6	15
7	14	18	12

27 = _____ + _____

27 = _____ + _____

27 = _____ + _____

27 = _____ + _____

27 = _____ + _____

27 = _____ + _____

27 = _____ + _____

27 = _____ + _____

Le chat de Sarah

Sarah a un nouveau chaton. Elle lui a donné un nom bien curieux.
Pour le découvrir, trouve tout d'abord le facteur qui manque
dans chacune des suites suivantes.

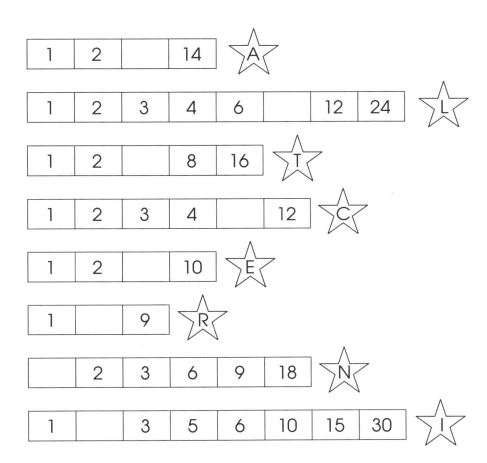

| 1 | 2 | | 14 | ☆ A |

| 1 | 2 | 3 | 4 | 6 | | 12 | 24 | ☆ L |

| 1 | 2 | | 8 | 16 | ☆ T |

| 1 | 2 | 3 | 4 | | 12 | ☆ C |

| 1 | 2 | | 10 | ☆ E |

| 1 | | 9 | ☆ R |

| | 2 | 3 | 6 | 9 | 18 | ☆ N |

| 1 | | 3 | 5 | 6 | 10 | 15 | 30 | ☆ I |

Maintenant, dans le message codé ci-dessous, remplace les nombres
que tu as trouvés par les lettres dans les étoiles.

___ ___ ___ ___ ___ ___ ___ ___ ___ ___

6   8   7   3   2   1   5   4   4   5

Le chaton de Sarah s'appelle : _____

Résolution de problèmes

Résous les problèmes suivants :

1 Vendredi, Jude a parcouru 471 km en voiture.

Samedi, elle a parcouru 329 km.

Dimanche, elle a fait 506 km.

Vendredi, Steve a parcouru 8 km.

Quelle distance Jude a-t-elle parcourue vendredi et samedi ?

Réponse :

2 Paul avait 18 autocollants.

Il en a donné 2 à chacun de ses 6 camarades.

Combien lui en reste-t-il ?

Réponse :

3 Il y a 8 crayons dans une boîte.

Combien y en a-t-il dans 3 boîtes ?

Réponse :

4 Dans une animalerie, il y a 5 cages de chatons.

Il y a 9 chatons par cage.

Combien y a-t-il de chatons dans le magasin ?

Réponse :

5 Louise a joué au tennis avec Léona pendant 25 minutes, puis avec Nina pendant 25 autres minutes.

Pendant combien de temps Louise doit-elle encore jouer si elle veut s'exercer pendant une heure complète ?

Réponse :

58

Vite à l'action !

Trouve les réponses aux opérations suivantes
parmi celles proposées dans chaque section.

1

432	613	212	152
+ 421	+ 264	+ 642	+ 714

175	350	793	265
+ 685	+ 350	+ 98	+ 188

891
860
866
453
853
854
700
877

2

924	965	857	941
− 123	− 531	− 422	− 786

945	925	832	900
− 897	− 38	− 55	− 399

501
801
777
887
155
434
435
48

3 $(4 \times 3) + 2 =$ ☐ $4 \times (3 + 2) =$ ☐

$4 \times (3 − 2) =$ ☐ $(4 \times 3) − 2 =$ ☐

20
4
14
10

59

D'épatantes machines à boules

Sarah adore jouer aux machines à boules. Elle a organisé un concours avec ses amis. Trouve le pointage obtenu pour chacun d'eux. (Chaque boule vaut le nombre de points indiqué sur la pochette.)

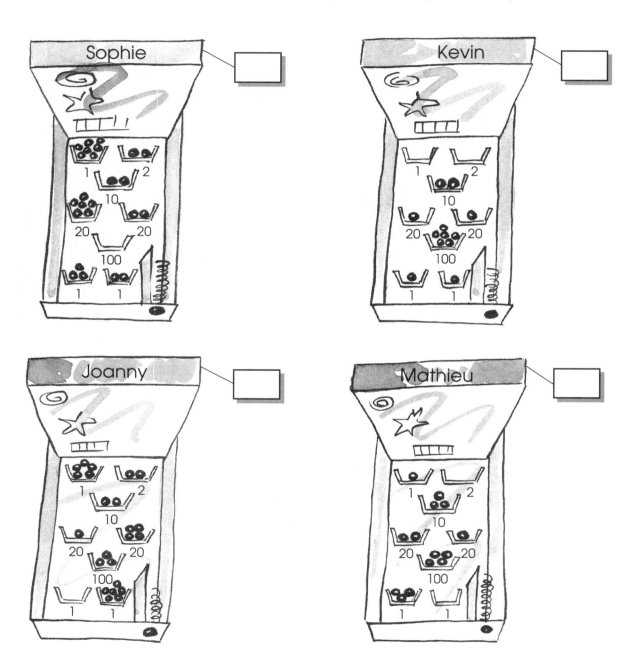

1. Écris le total des points de chacun dans l'étiquette correspondante.

2. Qui a gagné le concours? _____

Maisons à vendre

La tante de Sarah veut faire un catalogue des maisons qu'elle doit vendre. Il faut d'abord qu'elle place ses photos en ordre. Sur la ligne au bas de la page, écris les numéros des photos en ordre croissant.

623   406   576

496   423   604   579

563   476   467   601

569   669   462

ORDRE CROISSANT

_____

Décomposons et recomposons

Sarah décompose et recompose des nombres. Aide-la!

1 Décompose ces nombres de deux façons.

a) 117 = [ ] + [ ] + [ ]

117 = [ ] + [ ]

b) 235 = [ ] + [ ] + [ ]

235 = [ ] + [ ]

c) 2 173 = [ ] + [ ] + [ ] +

2 173 = [ ] + [ ]

d) 1 322 = [ ] + [ ] + [ ] + [ ]

1 322 = [ ] + [ ]

2 Recompose ces nombres.

a) 300 + 7 + 20 = [ ]

b) 35 + 3 + 400 = [ ]

c) 6 + 2 000 + 600 + 10 = [ ]

d) 500 + 50 + 1 = [ ]

e) 40 + 2 + 100 + 1 000 = [ ]

f) 9 + 700 + 30 = [ ]

62

Petits jeux « mathélogiques »

1 Sarah prépare une surprise pour une amie. Place les cœurs en ordre décroissant avec leurs lettres et tu découvriras le nom de cet ami.

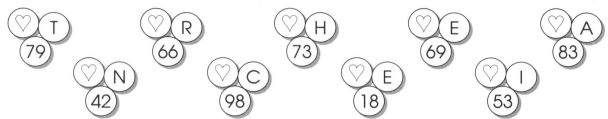

♡ T 79   ♡ R 66   ♡ H 73   ♡ E 69   ♡ A 83
♡ N 42   ♡ C 98   ♡ E 18   ♡ I 53

Réponse : _____

2 Fais un ✗ sur les couples de nombres dont la somme est 43.
Il ne doit rester aucun nombre.

20	11	13	21	19
18	30		31	26
33				10
38	17		25	5
22	24	12	32	23

Écris tes équations ici.

1. 20   2.   3.   4.   5.
   + 23

6.   7.   8.   9.   10.

63

3 Ajoute les chiffres qui manquent pour que le total soit égal à 23 de chaque côté du triangle. Tu dois choisir parmi les chiffres suivants : 1, 3, 7 et 8.

        △
      △ 2 △ 4
    △ 6   △
  △   △   △ 5 △ 9

Trois fois passera

Sarah s'amuse à faire des dessins à partir de multiplications.
Pour voir le dessin, trouve les réponses aux multiplications.
Ensuite, dans le carré, trace une ligne reliant les réponses entre elles,
une à la suite de l'autre.

$5 \times 6 = $ 30

$1 \times 8 = $ 8

$4 \times 8 = $ 32

$3 \times 0 = $ 0

$5 \times 7 = $ 35

$4 \times 7 = $ 28

$3 \times 8 = $ 24

$5 \times 9 = $ 45

$3 \times 7 = $ 21

$2 \times 8 = $ 16

$1 \times 5 = $ 5

$4 \times 9 = $ 36

$3 \times 9 = $ 27

$4 \times 4 = $ 16

$3 \times 10 = $ 30

$5 \times 4 = $ 20

$1 \times 9 = $ 9

$3 \times 6 = $ 18

$2 \times 7 = $ 14

$1 \times 7 = $ 7

$6 \times 6 = $ 36

1	50	65	11	46	59	25	22	61	65
53	15	25	51	2	61	85	4	39	37
23	42	13	17	18	91	98	71	64	41
11	63	90	9	14	59	44	39	93	52
29	47	20	86	7	79	62	97	19	60
9	30	16	27	36	5	16	21	45	77
13	31	8	32	0	35	28	24	64	49
34	6	17	39	88	91	66	50	56	43

Qu'as-tu dessiné ?

Réponse : _____

64

Des coordonnées magiques

Trouve les coordonnées de chaque dessin,
comme dans l'exemple.

	A	B	C	D	E	F	G	H	I	J
7									🍎	
6			🐄							
5							🌼			
4	🐭					✏️				
3			🫖						🌳	
2					🧀					
1				🙂						🍒

1 se trouve à (A,4).

2 se trouve à (,   ).

3 se trouve à (,   ).

4 se trouve à (,   ).

5 se trouve à (,   ).

6 se trouve à (,   ).

7 se trouve à (,   ).

8 se trouve à (,   ).

9 se trouve à (,   ).

10 se trouve à (,   ).

65

Une collection de feuilles

Sarah a ressorti sa vieille collection de feuilles d'automne.
Elle te demande de retrouver la seule feuille qui est symétrique
parmi les suivantes.

Une géométrie tout en couleurs!

Colorie en rouge les figures
dont tous les côtés sont congrus.
Colorie en bleu les figures concaves.

Souviens-toi que des
côtés congrus ont
toujours la même longueur.

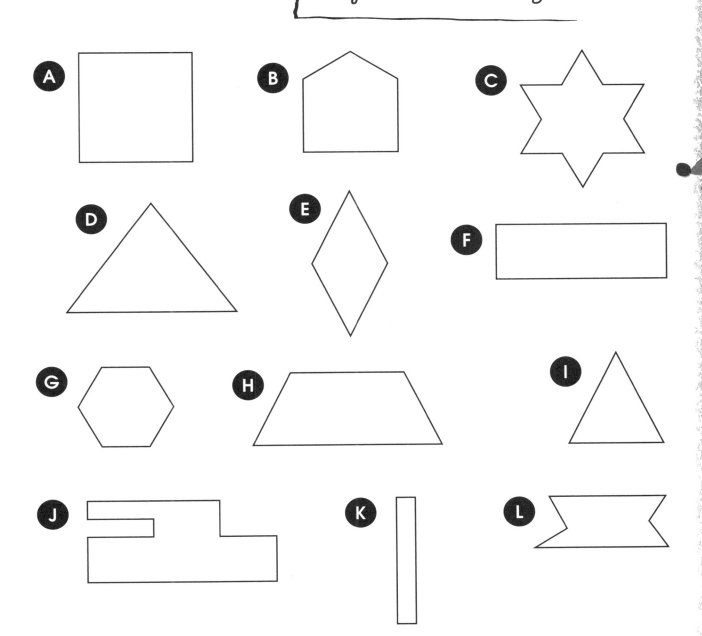

Des solides plein la caboche!

Voici les modèles de porte-crayons que Sarah observe
à la papeterie. Ils lui font penser aux solides géométriques.
À partir de ces modèles, remplis le tableau ci-dessous.

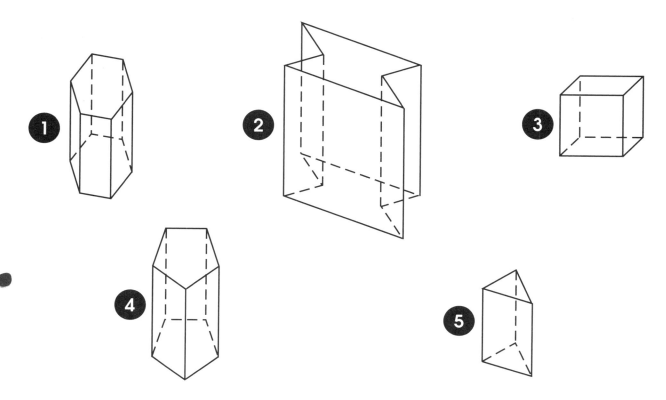

	1	2	3	4	5
Nombre de carrés					
Nombre de rectangles					
Nombre de triangles					
Nombre de faces					
Nombre de sommets					
Nombre d'arêtes					
Solide concave (O ou N)					

68

De solides questions

1 Classe les solides dans le diagramme suivant.

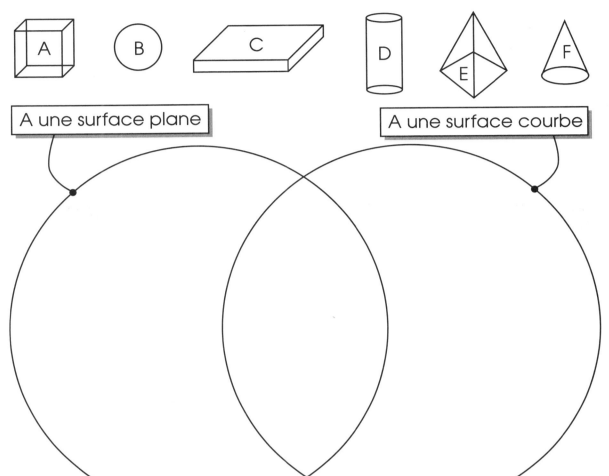

2 Nomme un ou deux objets que tu connais et qui ont la forme :

a) d'un cube _____

b) d'un prisme triangulaire _____

c) d'un cône _____

d) d'une pyramide _____

e) d'un cylindre _____

f) d'une sphère _____

g) d'un prisme rectangulaire _____

Des angles droits ou pas?

1 Sarah joue avec les angles. Parmi les figures ci-dessous, trouve celles qui possèdent un ou des angle(s) droit(s) et encercle-les.

Dessine le carré pour montrer l'angle.

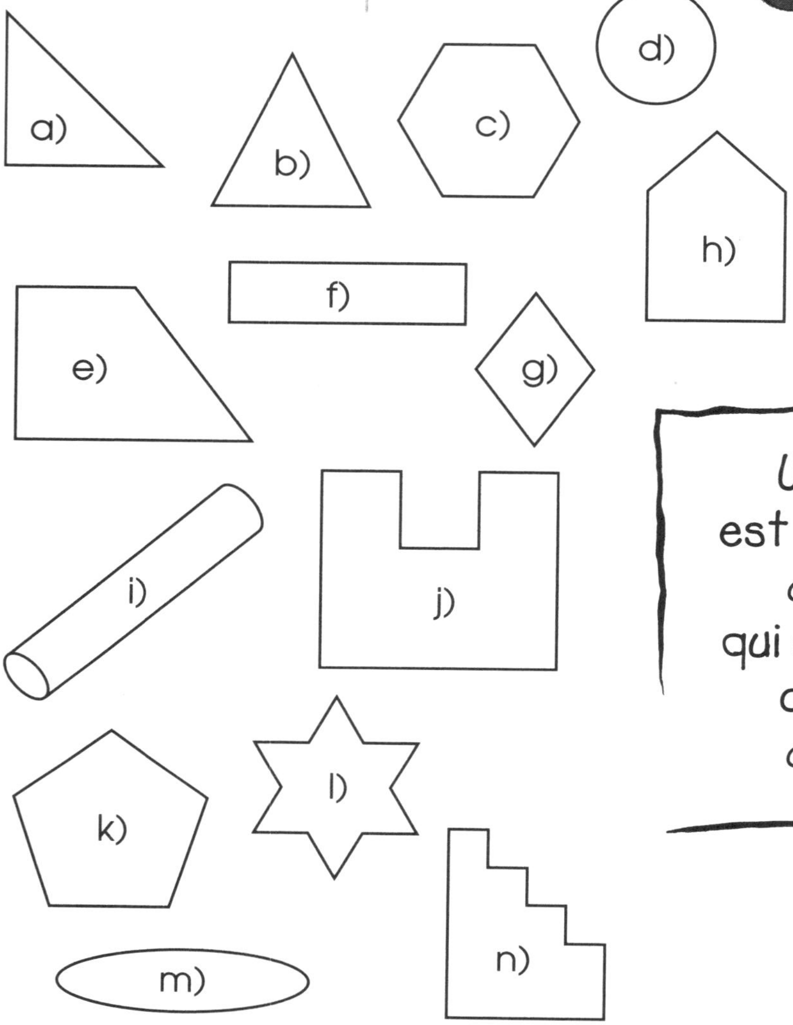

a)

b)

c)

d)

e)

f)

g)

h)

i)

j)

k)

l)

m)

n)

Un angle droit est représenté par deux droites qui se rencontrent, comme le coin d'un tableau.

2 Trouve quelques objets communs qui possèdent un ou plusieurs angle(s) droit(s).

Exemple : un cahier

_____   _____

_____   _____

_____   _____

_____   _____

Un dallage aveuglant

Utilise ta créativité et colorie un motif de ton choix dans ce dallage.

Attention! Tu ne peux pas passer à travers les lignes
et tu dois colorier tout l'espace.

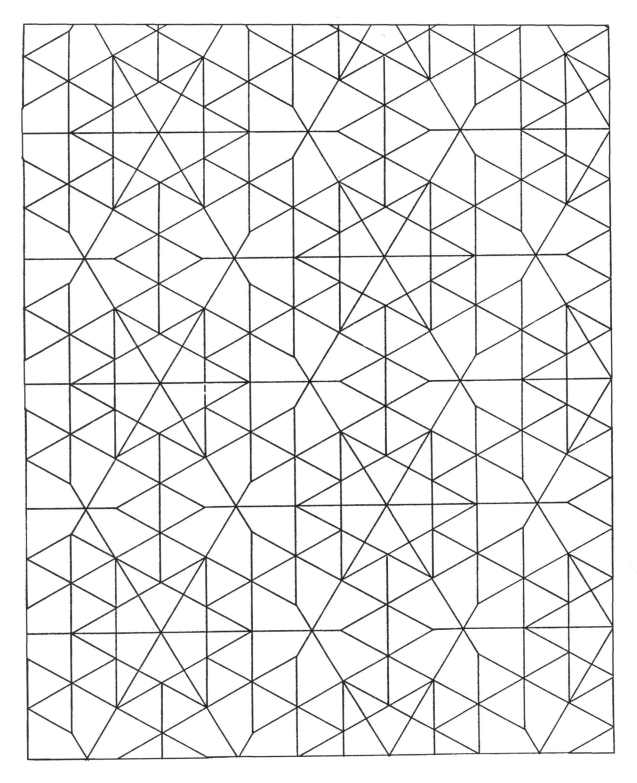

71

Des mesures à ta mesure

1 Sarah s'est acheté une étrange affiche. En utilisant ta règle, mesure les segments demandés et remplis le tableau ci-dessous.

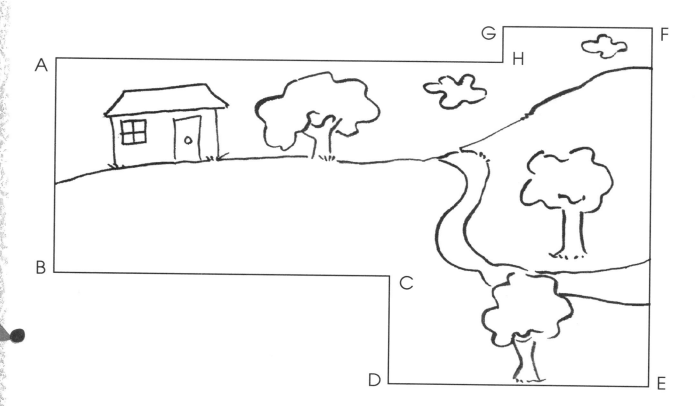

Ex.: $\overline{AB}$	6 cm		$\overline{EF}$	
$\overline{BC}$			$\overline{FG}$	
$\overline{CD}$			$\overline{GH}$	
$\overline{DE}$			$\overline{AH}$	

2 Quel est le périmètre de l'affiche ? _____

3 Trouve les équivalences suivantes.

a) 3 m = _____ dm

b) 2 m = _____ cm

c) 50 dm = _____ m

d) 6 m = _____ dm

e) 100 dm = _____ m

f) 700 dm = _____ m

Un petit raccourci?

À la récréation, Sarah et ses amies vont jouer près du grand arbre au fond de la cour d'école. Qui y arrivera en premier?

Pour le savoir, mesure chaque trajet en centimètres.

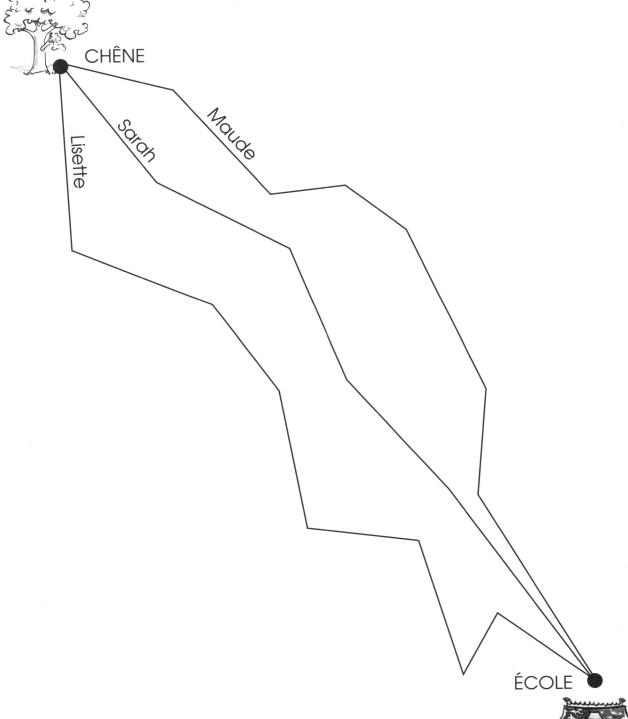

CHÊNE

Lisette

Sarah

Maude

ÉCOLE

C'est _____ qui arrivera en premier.

Un problème de mesures?

Sarah doit afficher des dessins d'élèves en haut du grand tableau de la classe. Chaque dessin mesure 20 cm. Le tableau mesure 3 m.

1. Si elle ne laisse aucun espace entre les dessins, comme dans l'exemple ci-dessous, combien lui faudra-t-il de dessins pour couvrir le haut du tableau?

Exemple:

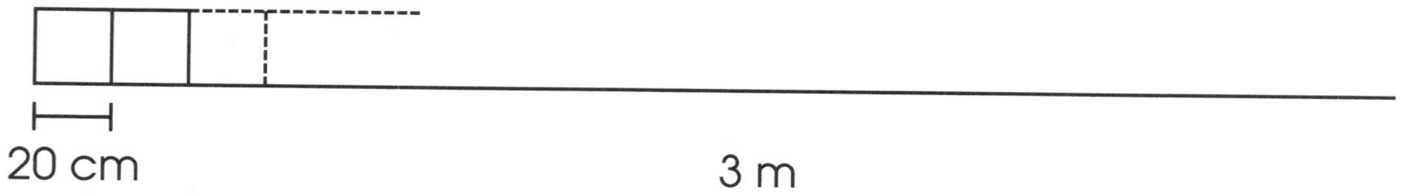

20 cm   3 m

Tu peux calculer ici.

Réponse: _____ dessins.

2. Si elle laisse un espace de 5 cm entre les dessins, combien de dessins pourra-t-elle placer au-dessus du tableau?

Tu peux calculer ici.

Réponse: _____ dessins.

Il pleut... il mouille

Relie chaque parapluie à la bonne paire de bottes.

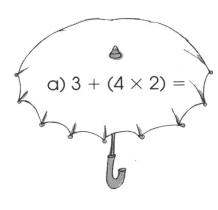
a) 3 + (4 × 2) =

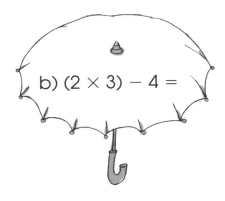
b) (2 × 3) − 4 =

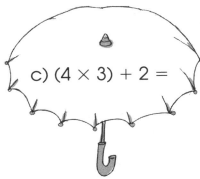
c) (4 × 3) + 2 =

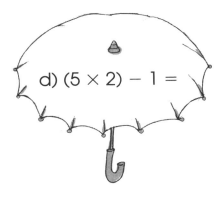
d) (5 × 2) − 1 =

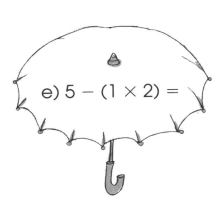
e) 5 − (1 × 2) =

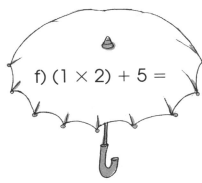
f) (1 × 2) + 5 =

2

3

7

8

9

11

14

20

75

Du soleil à profusion !

Les achats du printemps

Sarah et ses amis vont faire des achats au magasin.
Chacun a 98 ¢ à dépenser.

Voici la liste de leurs achats.

Nom	25¢	96¢	60¢	12¢	51¢
Sarah	X				X
Karim		X			
Fanny	X		X		
Benjamin	X			X	X
John			X	X	

1. Quel est le montant des achats de chacun ?

a) Sarah _____

b) Karim _____

c) Fanny _____

d) Benjamin _____

e) John _____

2. Combien d'argent reste-t-il à chacun ?

a) Sarah _____

b) Benjamin _____

c) Karim _____

d) John _____

e) Fanny _____

3. Quel autre objet Sarah aurait-elle pu acheter ? _____

4. Quel autre objet John aurait-il pu acheter ? _____

5. Quels sont les noms des enfants qui n'auraient pas pu acheter autre chose ?

_____

Méli-mélo de nombres

1. Compte par 3 de 0 à 30. Écris ces nombres.

_____

2. Écris les nombres manquants.

779, _____, 781, _____, _____, 784, _____, _____, 787.

3. Complète la suite ci-dessous.

4, 8, 12, 16, _____, _____, _____, 32.

4. Ordonne ces nombres, du plus petit au plus grand.

389   58   125   998   839   215   538   899

_____

5. Place les nombres suivants en ordre décroissant.

679   283   504   796   405   832   382   967

_____

6. Écris le symbole < ou > qui convient.

a) 493 ◯ 394

b) 511 ◯ 115

c) 877 ◯ 778

d) 49 ◯ 94

e) 226 ◯ 262

f) 131 ◯ 113

g) 631 ◯ 316

h) 913 ◯ 931

i) 384 ◯ 483

j) 69 ◯ 96

78

Des lettres chiffrées

1. Sarah voudrait associer les nombres écrits en chiffres aux nombres écrits en lettres. Aide-la en reliant les uns aux autres.

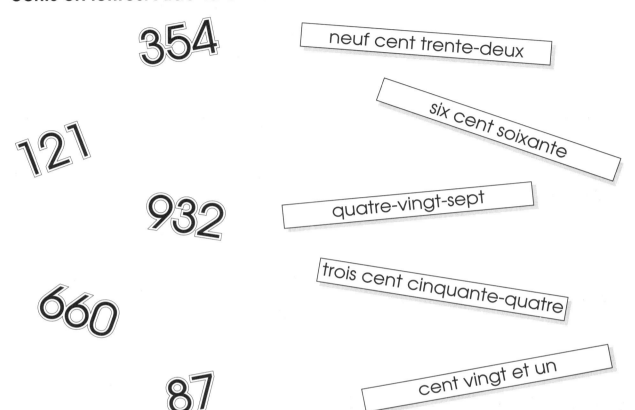

354

121

932

660

87

neuf cent trente-deux

six cent soixante

quatre-vingt-sept

trois cent cinquante-quatre

cent vingt et un

2. Écris le même nombre de trois façons différentes.

a) soixante-quatre	64	60 + 4
b) cent vingt-neuf		
c)	375	
d) huit cent quatre-vingt-dix		
e)		600 + 42
f)	255	

Un message secret

Effectue les additions suivantes. Ensuite, trouve dans le code ci-dessous la lettre qui correspond à chaque réponse.

Tu pourras ainsi lire le message secret que Sarah t'a adressé.

1 315
   + 398

2 100
   + 227

3 77
  + 52

4 185
   + 59

5 379
   + 262

6 550
   + 350

7 513
   + 128

8 444
   + 376

9 235
   + 300

10 33
  + 96

11 255
   + 218

12 521
   + 194

13 333
   + 308

14 122
   + 122

15 410
   + 410

16 98
  + 98

80

A = 327	J' = 713	N = 473	S = 196
E = 641	L = 900	P = 820	T = 715
I = 129	M = 244	R = 535	

Code secret

Message secret :

_____

Des fléchettes endiablées

Sarah et ses amis organisent un concours de fléchettes.
Additionne les points pour connaître le total accumulé
par chacun d'eux.

1   Sarah

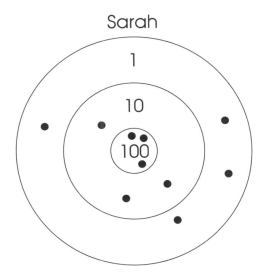

_____ centaine(s) = _____

_____ dizaine(s) = _____

_____ unité(s)   = _____

total   = _____

2   Karim

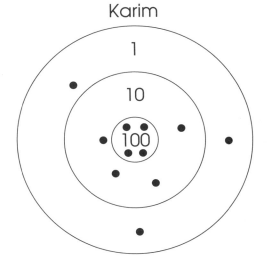

_____ centaine(s) = _____

_____ dizaine(s) = _____

_____ unité(s)   = _____

total   = _____

3   Fanny

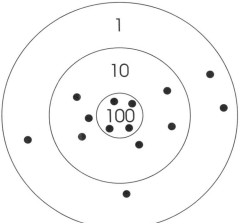

_____ centaine(s) = _____

_____ dizaine(s) = _____

_____ unité(s)   = _____

total   = _____

4   John

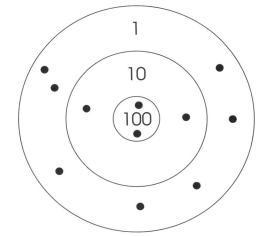

_____ centaine(s) = _____

_____ dizaine(s) = _____

_____ unité(s)   = _____

total   = _____

Tout de suite!

1. Sarah te propose des suites de nombres. Trouve la règle de chaque suite et ajoute quatre nombres à chacune.

   a) 124, 129, 127, 132, 130, ☐, ☐, ☐, ☐

   Règle : _____

   b) 653, 663, 660, 661, 671, 668, 669, ☐, ☐, ☐, ☐

   Règle : _____

   c) 72, 81, 82, 91, 92, ☐, ☐, ☐, ☐

   Règle : _____

   d) 222, 233, 244, 255, ☐, ☐, ☐, ☐

   Règle : _____

   e) 444, 436, 439, 431, 434, ☐, ☐, ☐, ☐

   Règle : _____

2. À ton tour d'inventer une suite!
   N'oublie pas d'écrire la règle.

   Règle : _____

Les devinettes de Sarah

1 Mon excursion à la cabane à sucre coûte 23 $. Papa paie avec un billet de 50 $. Combien d'argent lui reste-t-il ?

Réponse : _____

2 Il y a 26 élèves dans ma classe. Parmi eux, 15 élèves ont accepté de venir à la cabane à sucre et 7 élèves ont refusé. Combien d'élèves n'ont pas encore donné leur réponse ?

Réponse : _____

3 Pour le dîner, 150 personnes mangent à la cabane à sucre. Il y a 22 élèves qui ne veulent pas manger de fèves au lard. Combien d'élèves en mangeront ?

Réponse : _____

4 À la cabane à sucre, j'achète deux contenants de tire à 7 $ chacun et trois contenants de sirop d'érable à 5 $ chacun. Combien d'argent ai-je dépensé ?

Réponse : _____

5 Trois autobus transportant chacun 42 élèves arrivent à la cabane à sucre. Combien d'élèves sont présents à la cabane à sucre ?

Réponse : _____

83

Le défi des champions

Sarah te propose un défi de vitesse.
Pour chaque équation, elle te suggère deux réponses.
À toi d'encercler la bonne.

Essaie de les trouver toutes en moins de 15 minutes.

1. $4 + 5 =$ 9 ou 20	2. $18 - 8 =$ 26 ou 10
3. $13 + 5 - 7 =$ 15 ou 11	4. $6 \times 6 - 7 =$ 29 ou 1
5. $4 + 9 =$ 13 ou 15	6. $10 - 0 + 9 =$ 1 ou 19
7. $(2 \times 4) - 3 =$ 5 ou 2	8. $18 - 7 - 6 =$ 5 ou 17
9. $(8 \times 3) - 5 =$ 19 ou 16	10. $9 \times 0 =$ 9 ou 0
11. $16 - 7 =$ 11 ou 9	12. $7 \times 4 =$ 24 ou 28
13. $(3 \times 3) + 3 =$ 9 ou 12	14. $11 - 4 + 3 =$ 21 ou 10
15. $12 + 3 =$ 15 ou 36	16. $4 \times 4 - 9 =$ 7 ou 20
17. $4 \times 4 =$ 8 ou 16	18. $5 + 7 - 3 =$ 9 ou 32
19. $14 - 3 =$ 11 ou 12	20. $7 \times 7 - 5 =$ 35 ou 44
21. $16 - 8 + 4 =$ 12 ou 32	22. $19 - 7 =$ 8 ou 12
23. $(5 \times 9) - 5 =$ 20 ou 40	24. $8 + 6 =$ 14 ou 24
25. $9 - 1 + 7 =$ 1 ou 15	26. $5 \times 7 =$ 12 ou 35
27. $14 + 1 =$ 14 ou 15	28. $3 \times 3 \times 4 =$ 13 ou 36
29. $3 \times 3 =$ 9 ou 27	30. $18 - 11 =$ 7 ou 9

84

Vocabulaire mathématique

Remplis la grille de mots croisés en utilisant les mots dans la bulle.

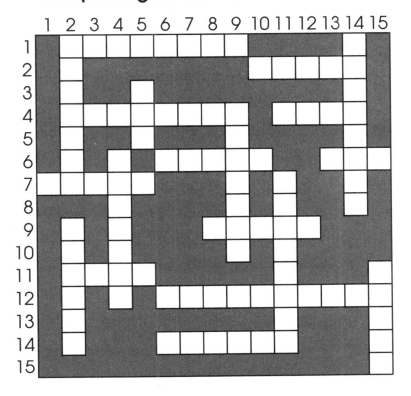

Horizontalement

1. Contraire d'une multiplication.
2. Figure à quatre côtés égaux.
4. Contraire d'une soustraction. Nombre qui vient immédiatement après 99.
6. Résultat d'une addition. Multiple de 3.
7. Unité de mesure égale à 10 dm.
9. 5 est la _____ de 10.
11. Nombre qui peut être divisé par 2.
12. Contraire d'additionner.
14. Lignes communes reliant deux faces.

Verticalement

2. Groupe de 10 unités. Nombre qui ne peut être divisé par 2.
4. Résultat d'une multiplication.
5. Multiple de 5.
9. J'indique une quantité.
11. Symboles numériques.
14. Groupement de 10 dizaines.
15. Chacun des nombres dans une opération.

division, dizaine, mètre, pair, impair, addition, dix, produit, nombres, somme, demie, chiffres, soustraire, arêtes, terme, centaine, carré, cent, six

Une visite sucrée !

Sarah va fêter l'arrivée du printemps à la cabane à sucre avec tous les amis de sa classe.

Son professeur lui a remis un plan du site où se trouve la cabane à sucre.

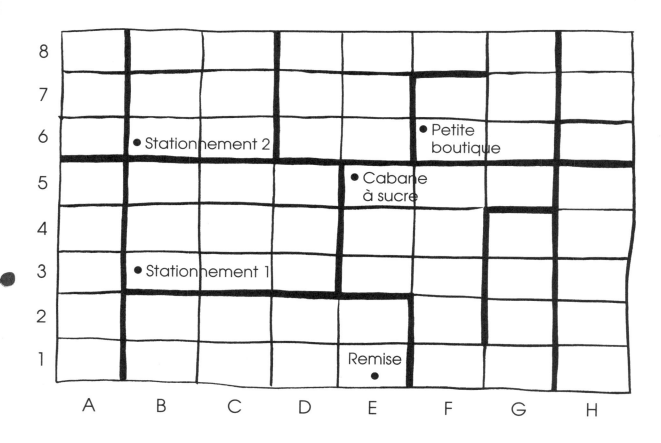

1. Dans quelle zone trouve-t-on la cabane à sucre ? _____

2. Dans quelle zone trouve-t-on la remise ? _____

3. Dans quelle zone trouve-t-on la petite boutique ? _____

4. C'est dans la zone (D,7) qu'on mange la tire sur la neige.
   Colorie cette zone en bleu.

5. Dans la zone (H,3), on peut goûter à l'eau d'érable.
   Colorie cette zone en jaune.

Des papillons magiques

Inscris les nombres qui manquent dans les ailes des papillons.
Le total des quatre nombres est inscrit dans le corps du papillon.

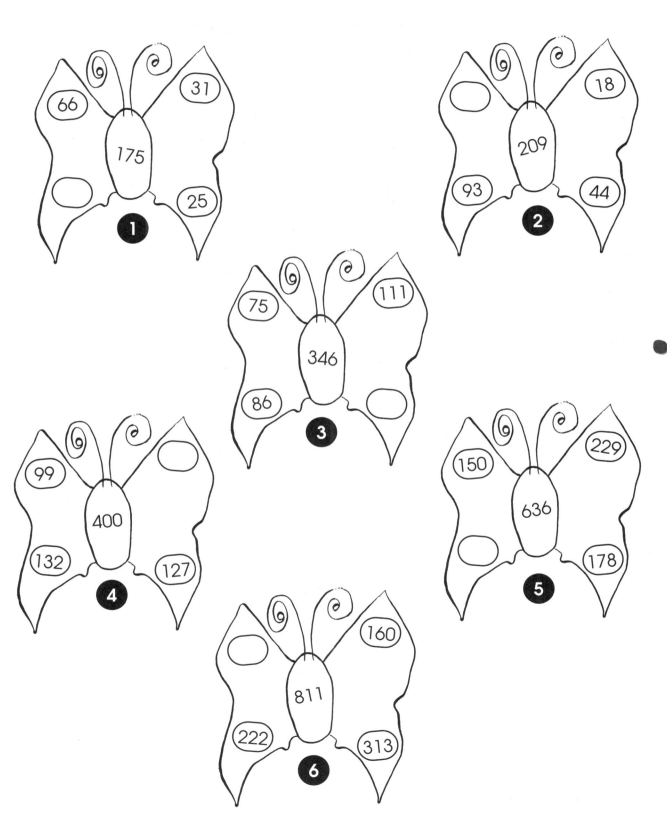

Un dessin tout en couleurs

Voici le dessin de la cabane à sucre que Sarah a visitée.

Colorie-le selon le code de couleurs suivant.

Code de couleurs	
Brun = multiples de 5	Gris = multiples de 8
Jaune = multiples de 6	Blanc = multiples de 9
Rouge = multiples de 7	

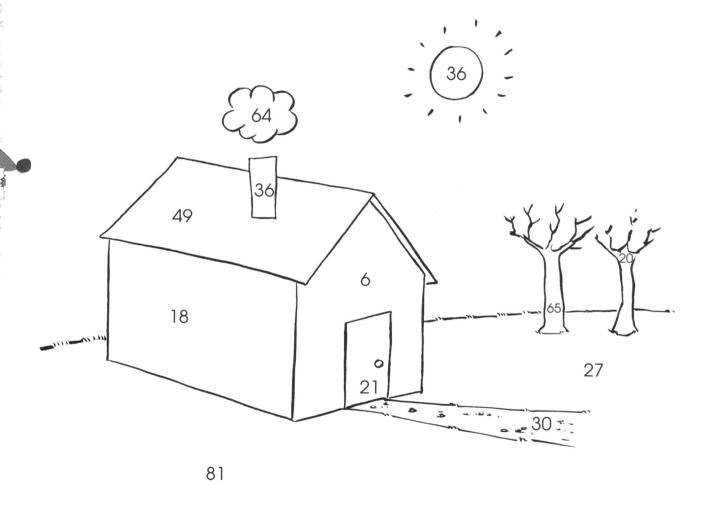

Sarah t'a joué un tour en mettant les nombres dans ce dessin. Lequel?

_____

Une omelette de figures

Regarde attentivement les figures ci-dessous.

Réponds ensuite aux questions de la page suivante.

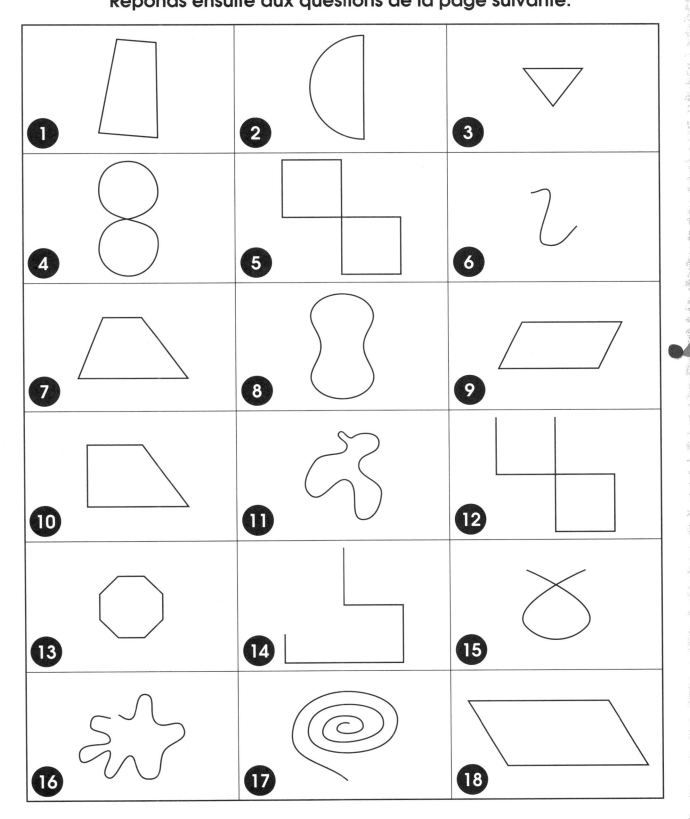

Une omelette de figures (suite)

1. Utilise les numéros des figures de la page précédente pour remplir le tableau suivant.

Lignes brisées   Lignes courbes

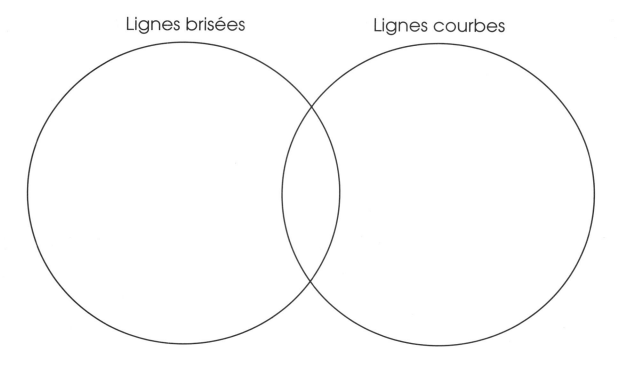

90

2. Trouve tous les quadrilatères.

_____

_____

3. Trouve toutes les figures qui ont au moins deux segments parallèles.

_____

_____

4. Trouve toutes les figures qui ont au moins deux segments perpendiculaires.

_____

_____

Des schémas triangulaires

Trace des triangles de grandeurs ou de formes différentes.

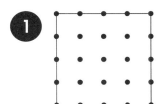

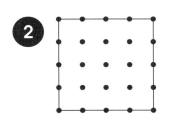

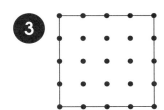

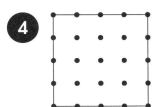

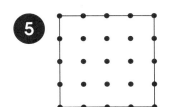

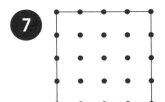

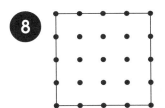

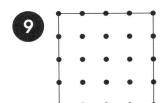

91

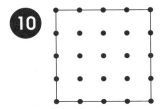

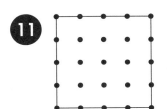

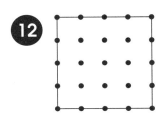

Les sosies à l'œuvre!

Trouve un objet qui a la même forme que chacun des solides ci-dessous.

1

_____

2

_____

3

_____

4

_____

5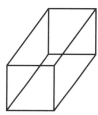

_____

6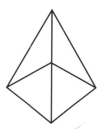

_____

7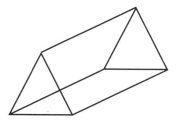

_____

8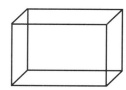

_____

9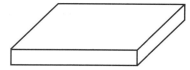

_____

92

Un tout petit jardin

Sarah profite de l'arrivée du printemps pour semer des fleurs.
Comme elle a peu d'espace, elle ne peut pas semer des rangs entiers
de chaque sorte de fleur. Aide-la à diviser ses rangs.

Dans chaque rang, colorie la fraction indiquée.
Ensuite, place le bon signe dans le cercle.

< > =

a) $\dfrac{1}{4}$ [   ] $\dfrac{1}{4}$ ◯ $\dfrac{1}{2}$

b) $\dfrac{1}{3}$ [   ] $\dfrac{1}{3}$ ◯ 0

c) $\dfrac{6}{8}$ [   ] $\dfrac{6}{8}$ ◯ $\dfrac{1}{2}$

d) $\dfrac{2}{3}$ [   ] $\dfrac{2}{3}$ ◯ 1

e) $\dfrac{1}{5}$ [   ] $\dfrac{1}{5}$ ◯ 0

f) $\dfrac{3}{5}$ [   ] $\dfrac{3}{5}$ ◯ $\dfrac{1}{2}$

g) $\dfrac{2}{4}$ [   ] $\dfrac{2}{4}$ ◯ $\dfrac{1}{2}$

h) $\dfrac{1}{8}$ [   ] $\dfrac{1}{8}$ ◯ 1

Une brise printanière

Sarah a préparé un joli dessin.

Pour le trouver, colorie les sections dans lesquelles il y a un quadrilatère.

Qu'as-tu dessiné?

_____

_____

Des tailles variées

1. Écris en millimètres, en centimètres, en décimètres et en mètres la taille de cinq de tes amis.

Prénom	Taille (mm)	Taille (cm)	Taille (dm)	Taille (m)

2. Complète le tableau des équivalences ci-dessous.

Mètres	Décimètres	Millimètres	Centimètres
	80		
			200
			700
9			
	30		
			600
4			
	10		

Quel courant d'«aire»!

1. Trouve l'aire de chacune des figures suivantes.

 = 1 carré-unité

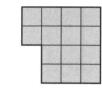

a) ____ carrés-unités

b) ____ carrés-unités

c) ____ carrés-unités

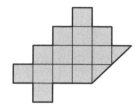

d) ____ carrés-unités

e) ____ carrés-unités

f) ____ carrés-unités

2. En te servant du même carré-unité, indique le nombre de carrés-unités que chacune des figures ci-dessous peut contenir.

96

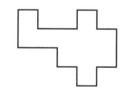

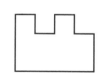

a) ____ carrés-unités

b) ____ carrés-unités

c) ____ carrés-unités

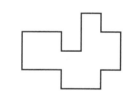

d) ____ carrés-unités

e) ____ carrés-unités

f) ____ carrés-unités

Des estimations en justesse

Encercle l'estimation la plus juste de la mesure réelle de ces objets.

1

100 cm	100 dm	100 m

2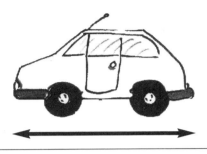

20 cm	10 dm	4 m

3

50 cm	15 dm	5 m

4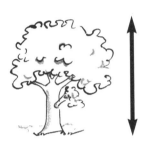

10 dm	10 m	10 km

5

10 cm	10 dm	10 m

6

35 cm	11 dm	3 m

7

100 cm	18 dm	1 m

8

15 cm	5 dm	1 m

97

Spécial de fin d'année!

Un sondage bien utile

Cette année, Sarah est chargée du spectacle de fin d'année.
Elle a effectué un sondage pour connaître les préférences
des élèves pour le spectacle de fin d'année.

Voici les résultats du sondage.

Préférences pour le spectacle de fin d'année

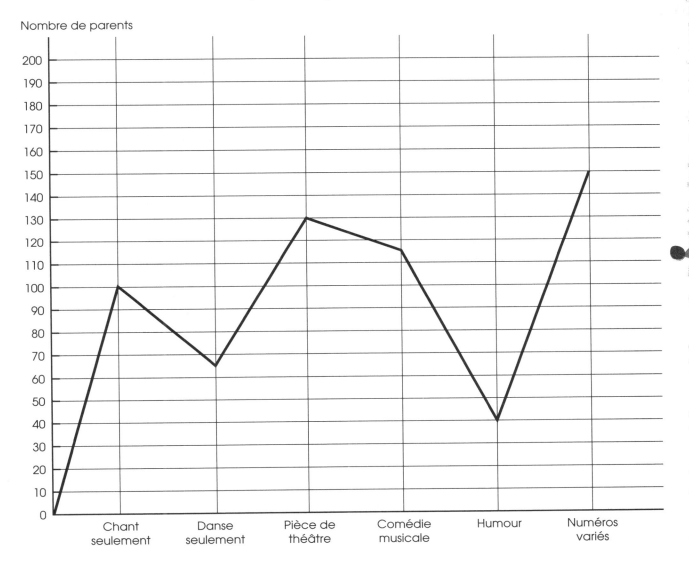

1. Combien d'élèves ont répondu dans chaque catégorie?

a) Chant seulement : _____

d) Comédie musicale : _____

b) Danse seulement : _____

e) Humour : _____

c) Pièce de théâtre : _____

f) Numéros variés : _____

Un sondage bien utile *(suite)*

2. Classe les catégories de la plus populaire à la moins populaire.

_____

3. Combien d'élèves de plus ont choisi le chant plutôt que la danse ?

_____

4. Quelles sont les deux catégories qui ont obtenu 90 votes de différence ? _____

5. Afin de savoir le genre de spectacle qui sera choisi à la fin de l'année, trouve le produit des multiplications suivantes. Utilise ensuite le code secret pour découvrir la réponse.

a) $6 \times 8 =$ _____

b) $5 \times 4 =$ _____

c) $9 \times 2 =$ _____

d) $2 \times 8 =$ _____

e) $6 \times 6 =$ _____

f) $5 \times 6 =$ _____

g) $4 \times 3 =$ _____

h) $2 \times 4 =$ _____

i) $5 \times 5 =$ _____

j) $4 \times 9 =$ _____

k) $7 \times 3 =$ _____

l) $4 \times 4 =$ _____

m) $6 \times 2 =$ _____

Code secret

a = 25	g = 56	m = 18	t = 6
b = 32	h = 10	n = 48	u = 20
c = 15	i = 21	o = 30	v = 8
d = 24	j = 42	p = 64	w = 35
é = 16	k = 14	q = 45	x = 40
f = 49	l = 28	r = 36	y = 63
		s = 12	z = 81

Réponse : _____

_____

Des billets pas ordinaires

1. Sarah doit remettre en ordre les numéros des billets pour le spectacle de fin d'année.

Avec elle, écris les nombres suivants sur les billets qui sont sur la droite numérique : 24, 75, 12, 95 et 50.

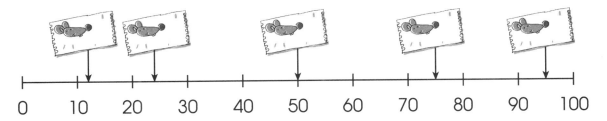

2. Refais le même exercice. Écris les nombres 625, 150, 300, 975, 500 et 850.

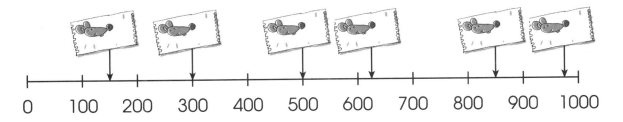

3. À ton tour maintenant !

Inscris les nombres suivants sur les billets. Ensuite, à l'aide d'une flèche, indique à quel endroit chaque billet doit être placé sur la droite numérique : 400, 250, 575, 950, 700 et 100.

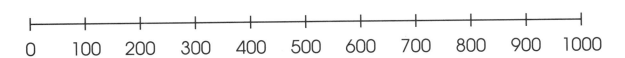

Des multiplications spectaculaires

Écris les équations et les réponses.

1 Pour un spectacle, trois équipes travaillent aux décors. Chaque équipe est composée de cinq personnes. Combien de personnes travaillent aux décors ?

2 Dans la première partie du spectacle, neuf numéros seront présentés. Si chaque numéro dure quatre minutes, combien de temps durera la première partie ?

3 Le professeur de théâtre a besoin de six élèves par classe pour la pièce de théâtre. Si neuf classes participent, combien d'élèves feront partie de la pièce de théâtre ?

4 Il y a trois classes de 3e année à l'école de Sarah. Si sept élèves de chaque classe préparent un numéro de chant, combien d'élèves chanteront ?

5 Il manque des chaises dans la salle de spectacle. Huit élèves apportent chacun sept chaises. Combien de chaises manquait-il ?

6 Deux équipes travaillent aux costumes. Chaque équipe est composée de deux garçons et de deux filles. Combien de personnes travaillent aux costumes ?

7 Il y a deux classes de 2e année à l'école de Sarah. Si quatre élèves de chaque classe préparent un numéro de danse, combien d'élèves danseront ?

8 Les billets pour le spectacle coûtent 5 $ chacun. On demande à chaque élève de vendre au moins sept billets. Combien d'argent chaque élève devra-t-il rapporter à l'école ?

102

Les vedettes de la soirée

Fais les calculs et découvre les prénoms des six vedettes du spectacle de fin d'année. Aide-toi du code secret.

Code secret

A = 413	E = 631	L = 801	N = 130	T = 548
C = 219	I = 377	M = 956	R = 798	Y = 333

1 Lettres

$703 + 253 =$ ☐

$613 - 200 =$ ☐

$386 + 412 =$ ☐

$279 + 98 =$ ☐

$940 - 309 =$ ☐

2 Lettres

$400 + 556 =$ ☐

$800 - 387 =$ ☐

$459 + 339 =$ ☐

$604 - 56 =$ ☐

$900 - 523 =$ ☐

$70 + 60 =$ ☐

3 Lettres

$119 + 100 =$ ☐

$700 - 287 =$ ☐

$243 + 555 =$ ☐

$1000 - 199 =$ ☐

$430 - 53 =$ ☐

$289 + 342 =$ ☐

4 Lettres

$388 + 410 =$ ☐

$111 + 222 =$ ☐

$600 - 187 =$ ☐

$220 - 90 =$ ☐

5 Lettres

$654 - 106 =$ ☐

$279 + 98 =$ ☐

$21 + 109 =$ ☐

$888 - 475 =$ ☐

6 Lettres

$351 + 447 =$ ☐

$700 - 69 =$ ☐

$611 + 345 =$ ☐

$666 - 289 =$ ☐

103

Une belle activité d'été

Relie les nombres par bonds de 4 et tu découvriras
ce que Sarah adore faire pendant les vacances d'été.

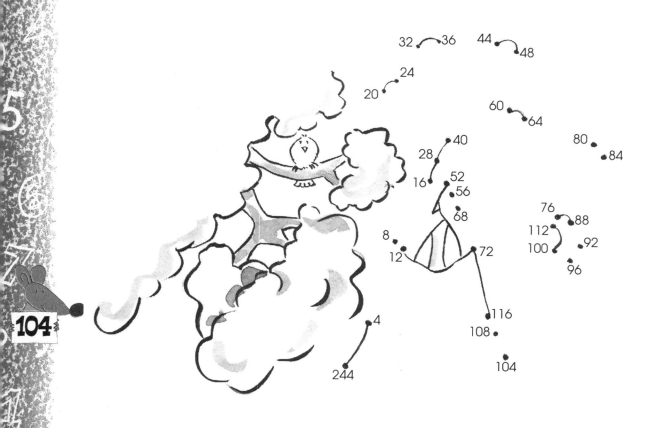

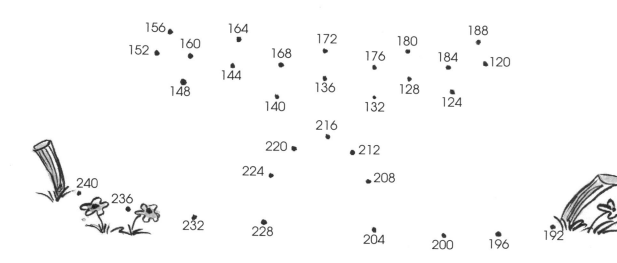

Devinettes ensoleillées

1

Sarah a planté 6 plants de tomates. Chaque plant contient 7 fleurs. Combien de tomates aura-t-elle à la fin de l'été ?

Réponse : _____

2

Un plant de concombres coûte 4 $. Combien coûtent 9 plants de concombres ?

Réponse : _____

3

Sarah a acheté des roses et des bégonias pour son jardin. Sa facture s'élève à 96 $. Si elle a payé 51 $ pour les roses, quel montant a-t-elle payé pour les bégonias ?

Réponse : _____

4

Sarah a payé 35 $ pour 7 plants de concombres. Combien de dollars chaque plant de concombres coûte-t-il ?

Réponse : _____

5

Sarah achète 3 boîtes de fleurs au prix de 3 $ chacune et 4 plants de tomates au prix de 6 $ chacun. Quel montant devra-t-elle débourser ?

Réponse : _____

6

Sarah a 50 $ pour acheter des boîtes de fleurs. Si une boîte de fleurs coûte 5 $, combien de boîtes Sarah pourra-t-elle acheter ?

Réponse : _____

105

Un peu d'exercice!

Sarah veut devenir une athlète des soustractions.
Aide-la à s'entraîner.

1. Effectue les soustractions suivantes... avec un emprunt.

a) $329 - 162$

b) $591 - 222$

c) $998 - 599$

d) $727 - 441$

e) $168 - 90$

f) $852 - 735$

g) $264 - 75$

h) $616 - 307$

2. Effectue les soustractions suivantes... avec deux emprunts.

a) $515 - 168$

b) $934 - 855$

c) $177 - 99$

d) $428 - 239$

e) $611 - 77$

f) $203 - 144$

g) $733 - 556$

h) $857 - 768$

Un voyage excitant !

À l'école de Sarah, on planifie un superbe voyage
de fin d'année.

Utilise le tableau des distances pour répondre aux questions suivantes.

Distance en kilomètres

	Montréal	Trois-Rivières	Québec	Sherbrooke	Chicoutimi	Gaspé
Montréal		142	253	147	464	930
Trois-Rivières	142		135	158	367	831
Québec	253	135		240	211	700
Sherbrooke	147	158	240		451	915
Chicoutimi	464	367	211	451		649
Gaspé	930	831	700	915	649	

1. Quelle distance sépare :

a) Montréal de Sherbrooke ? _____

b) Chicoutimi de Gaspé ? _____

c) Québec de Trois-Rivières ? _____

d) Montréal de Québec ? _____

e) Trois-Rivières de Gaspé ? _____

f) Québec de Sherbrooke ? _____

g) Gaspé de Montréal ? _____

Un voyage excitant! *(suite)*

2. a) Quelles sont les deux villes les plus proches l'une de l'autre ?

_____

    b) Combien de kilomètres les séparent ? _____

3. a) Quelles sont les deux villes les plus éloignées l'une de l'autre ?

_____

    b) Combien de kilomètres les séparent ? _____

4. Un autobus part de Montréal et roule jusqu'à Sherbrooke. Il s'arrête un peu et reprend sa route vers Québec.

    Combien de kilomètres a-t-il parcourus ? _____

5. Quelle est la route la plus longue ?

    a) De Québec à Gaspé, de Gaspé à Trois-Rivières et de Trois-Rivières à Chicoutimi

    b) De Sherbrooke à Chicoutimi, de Chicoutimi à Montréal et de Montréal à Gaspé

6. Combien d'heures environ faut-il pour parcourir les distances suivantes en voiture à une vitesse d'à peu près 100 km/h ?

a) De Québec à Gaspé	3 h	7 h	15 h
b) De Montréal à Chicoutimi	2 h 30	4 h 30	6 h 30
c) De Sherbrooke à Montréal	1 h 30	5 h 30	11 h 30
d) De Chicoutimi à Québec	1 h	2 h	3 h

Un long voyage

Pour passer le temps en autobus, Sarah et ses amis préparent des jeux sur les fractions. Amuse-toi à les essayer.

1. Replace chaque fraction dans la bonne phrase. Tu peux réutiliser la même fraction plus d'une fois.

   a) Une journée dure _____ d'une semaine.

   b) Un mois dure _____ d'une année.

   c) Une saison dure _____ d'une année.

   d) Une heure dure _____ d'une journée.

   e) Une minute dure _____ d'une heure.

   f) Une semaine dure environ _____ d'un mois.

   g) Une année scolaire dure environ _____ d'une année.

   h) Une seconde dure _____ d'une minute.

$$\frac{1}{24} \qquad \frac{1}{7} \qquad \frac{1}{60}$$

$$\frac{1}{4} \qquad \frac{1}{12} \qquad \frac{10}{12}$$

Un week-end relaxant

Toute la semaine, Sarah a travaillé fort. Afin qu'elle puisse se reposer, ses parents lui proposent une balade en voiture.

Ils ont le choix entre trois itinéraires.

A Montréal → Saint-Eustache → Saint-Sauveur

B Montréal → Blainville → Saint-Sauveur

C Montréal → Terrebonne → Blainville → Saint-Sauveur

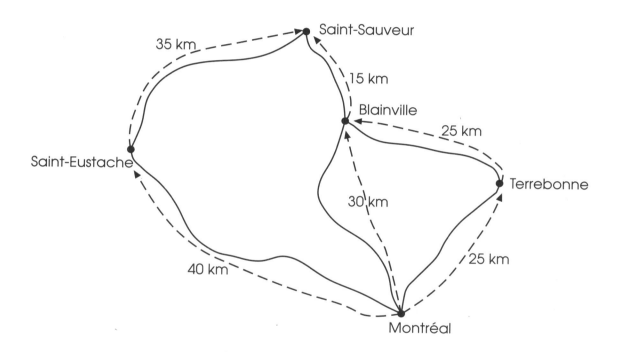

1. **Quel itinéraire est le plus court ?** _____

2. **Quel itinéraire est le plus long ?** _____

3. **Quel est l'itinéraire le plus rapide pour se rendre de Saint-Eustache à Terrebonne ?**

_____

4. **Quel est l'itinéraire le plus long pour se rendre de Blainville à Saint-Eustache ?**

_____

Des solides recherchés

Sarah travaille fort. Elle étudie les solides. Regarde attentivement les solides ci-dessous et compte leurs faces, leurs arêtes et leurs sommets.

1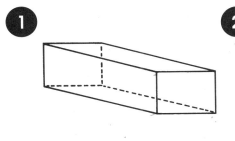

___ faces
___ arêtes
___ sommets

2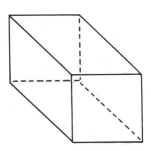

___ faces
___ arêtes
___ sommets

3

___ faces
___ arêtes
___ sommets

4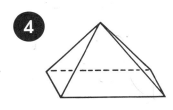

___ faces
___ arêtes
___ sommets

5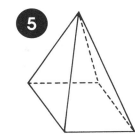

___ faces
___ arêtes
___ sommets

6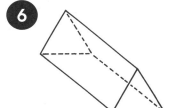

___ faces
___ arêtes
___ sommets

7

___ faces
___ arêtes
___ sommets

8

___ faces
___ arêtes
___ sommets

9

___ faces
___ arêtes
___ sommets

111

Des solides recherchés
(suite)

10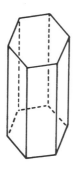

___ faces
___ arêtes
___ sommets

11

___ faces
___ arêtes
___ sommets

12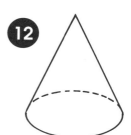

___ faces
___ arêtes
___ sommets

13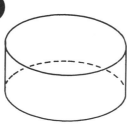

___ faces
___ arêtes
___ sommets

14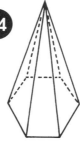

___ faces
___ arêtes
___ sommets

15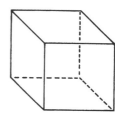

___ faces
___ arêtes
___ sommets

Surfaces planes seulement	Surfaces courbes
Prismes rectangulaires :	Cône :
Prismes triangulaires :	Cylindres :
Pyramides :	Boule :
Autres :	Autres :

Des décors solides

Sarah prépare différents solides pour les décors du spectacle.
Aide-la en associant le solide au développement correspondant.

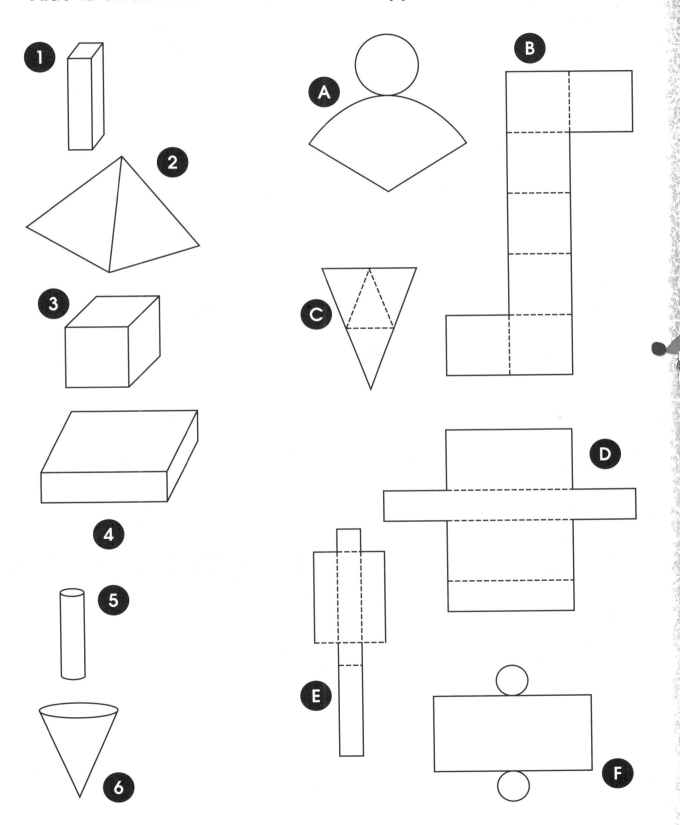

L'« aire » de rien...

Encercle la figure ayant la plus grande aire.

1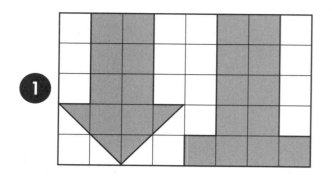

2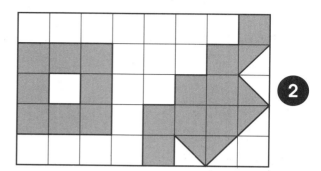

3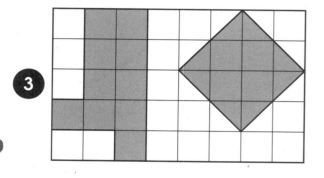

4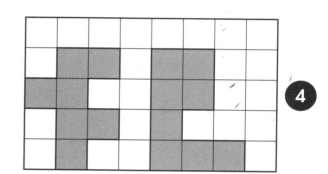

5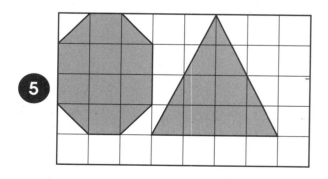

6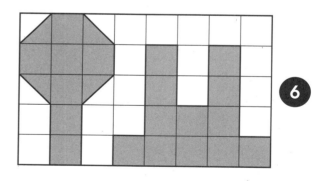

7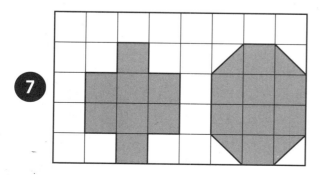

8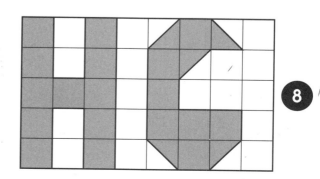

114

Un jeu constructif

Sarah a fabriqué différentes constructions avec les cubes
qu'elle a reçus pour son anniversaire.

Indique le nombre de cubes contenus dans chaque construction.

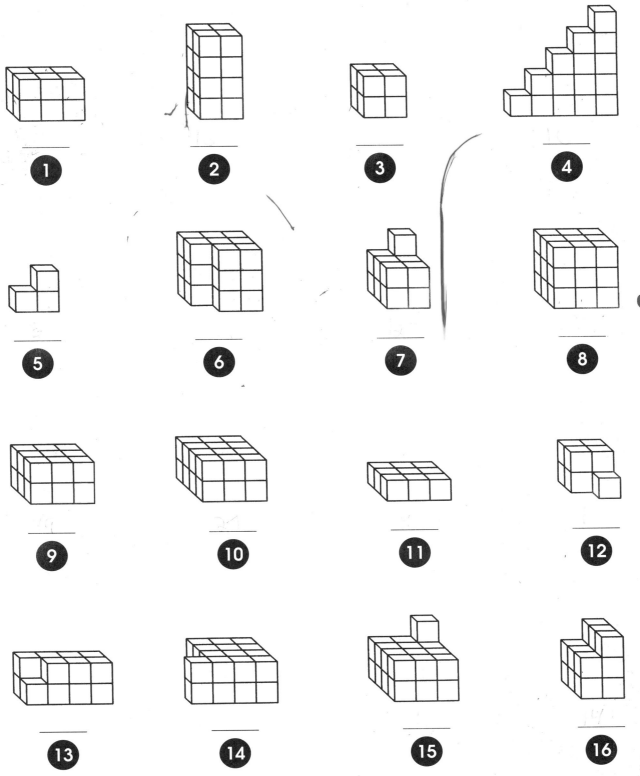

1

2

3

4

5

6

7

8

9

10

11

12

13

14

15

16

Les olympiades de fin d'année

À l'école de Sarah, on prépare les olympiades de fin d'année.

Voici le plan de la piste d'athlétisme. Sur ce plan, 1 cm équivaut à 10 m en réalité.

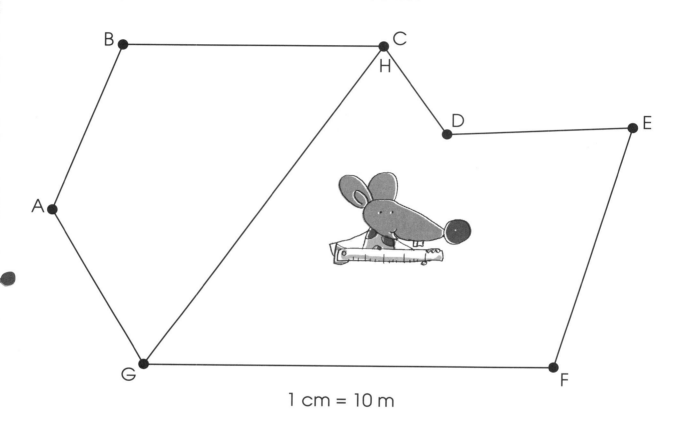

1 cm = 10 m

Mesure chaque segment de la piste et reporte tes mesures dans le tableau ci-dessous.

Segment	AB	BC	CD	DE	EF	FG	GH
Mesure sur le plan (en cm)							
Mesure réelle (en m)							

Des frises pour tous les goûts

**Les élèves de la classe de Sarah ont décidé
de décorer les murs de l'école pour le spectacle de fin d'année.
Ils veulent afficher des banderoles agrémentées de frises
ayant plusieurs axes de réflexion.**

Ils ont commencé les modèles suivants. Complète les frises.

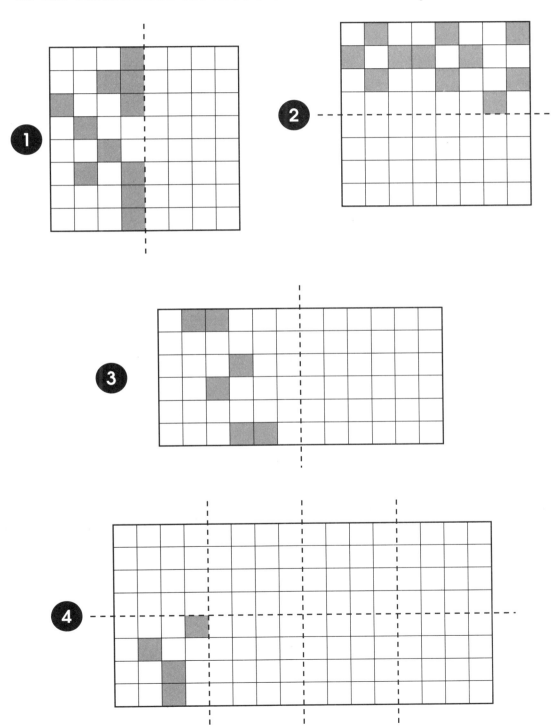

À vos calculatrices!

Karina, l'amie de Sarah, lui a préparé un jeu bien curieux.

Utilise la calculatrice ou l'ordinateur pour résoudre les équations suivantes. Les résultats te surprendront sans doute aussi...

$1 \times 8 + 1 =$

$12 \times 8 + 2 =$

$123 \times 8 + 3 =$

$1\,234 \times 8 + 4 =$

$12\,345 \times 8 + 5 =$

$123\,456 \times 8 + 6 =$

$1\,234\,567 \times 8 + 7 =$

$12\,345\,678 \times 8 + 8 =$

$123\,456\,789 \times 8 + 9 =$

Il faudra sans doute utiliser un ordinateur pour la dernière équation car l'écran des calculatrices est peut-être trop petit pour écrire tous les chiffres.

Tout un été pour s'amuser!

Une journée pluvieuse

**Comme il pleut aujourd'hui, Sarah s'amuse à un jeu de codes.
Aide-la à trouver les résultats des opérations
en tenant compte des consignes suivantes.**

Les chiffres 1 à 10 sont codés en lettres.

A	=	0	F = 1	
B	=	2	G = 3	
C	=	4	H = 5	
D	=	6	I = 7	
E	=	8	J = 9	

Exemple : H + G = [ ]

5 + 3 = [8]

1 I – H = [ ]

2 F + [ ] = J

3 [ ] – B = D

4 B × [ ] = E

5 A × H = [ ]

6 D + G = [ ]

7 J – F + A = [ ]

8 C × I = [ ]

9 C + H – A = [ ]

10 E + G = [ ]

11 G × [ ] = 9

12 I – C + [ ] = E

13 (D × H) – B = [ ]

14 J – A = [ ]

15 F × B × [ ] = E

16 (E × [ ]) – J = I

17 B + D – C = [ ]

18 I × J = [ ]

19 G + [ ] – H = I

20 (J × D) – F = [ ]

120

Réfléchissons un peu...

Résous les problèmes suivants.

1. Sarah revient de l'épicerie. Elle a acheté des raisins à 2 $, un poulet à 9 $ et un sac de pommes à 3 $. Avant de partir, elle avait un billet de 20 $ dans son porte-monnaie.

   a) Combien d'argent a-t-elle dépensé?

   _____

   b) Combien d'argent lui reste-t-il?

   _____

2. Sarah a compté le nombre total des entrées au zoo pour la journée d'hier. Elle a enregistré 54 entrées au tarif régulier (9 $) et 18 entrées au tarif réduit (7 $).

   a) Quel est le nombre total d'entrées achetées?

   _____

   b) Quelle est la somme rapportée par les entrées au tarif réduit?

   _____

3. Le père de Sarah a vendu sa moto 1000 $. Il a utilisé cette somme d'argent pour faire des rénovations dans le salon. Il a consacré 576 $ au recouvrement du plancher, 85 $ à la peinture et 215 $ à la décoration.

   a) Quel est le montant total des rénovations?

   _____

   b) Combien lui restera-t-il d'argent de la vente de sa moto après avoir payé les rénovations?

   _____

Un labyrinthe mystère

Trouve le chemin que Sarah a emprunté
pour se rendre de la lettre « b » à la lettre « e ».
Note toutes les lettres que tu rencontreras sur ton chemin.
Remets ensuite les lettres dans le bon ordre
et tu découvriras un mot caché.

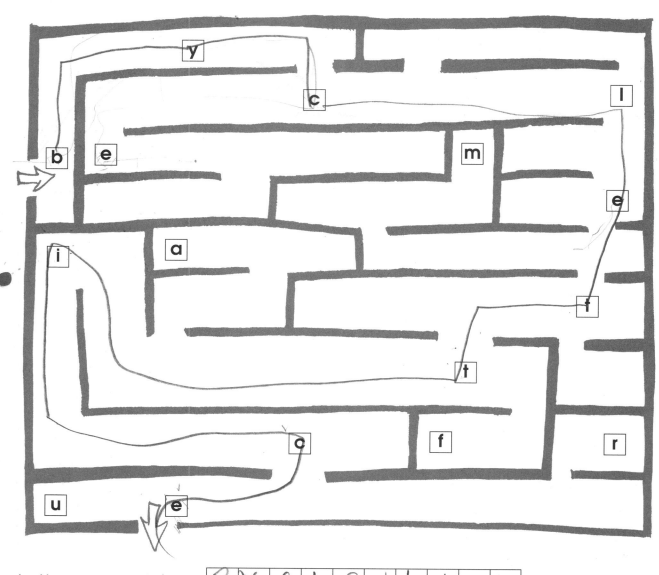

Lettres rencontrées : B Y C l e t t i c e t

Mot caché : Bycicette

Croisons les mathématiques

Trouve les réponses aux définitions parmi les mots ci-dessous
et remplis les cases des mots croisés.

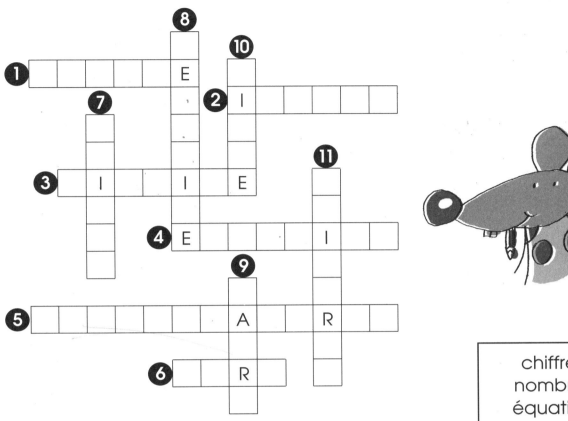

1. Espace occupé par un objet à trois dimensions.

2. Je suis le contraire d'un nombre pair.

3. Je suis formée de 10 unités.

4. Énoncé mathématique.

5. Figures à 4 côtés.

6. Surface d'une figure plane.

7. Il y en a 10 dans une dizaine.

8. Je suis formée de 100 unités.

9. Nous sommes l'ensemble des nombres naturels
   qui sont des multiples de 2.

10. Je suis le nombre formé de 100 dizaines.

11. Nous sommes à la base des mathématiques :
    0, 1, 2, 3, 4, 5, 6, 7, 8 et 9.

chiffres
nombres
équation
aire
pairs
calcul
volume
centaine
dizaine
unités
mille
quadrilatères
impair
carré
pentagones

123

Des mobiles estivaux

Sarah a fabriqué des mobiles estivaux.
Écris les nombres manquants pour équilibrer les mobiles,
comme dans l'exemple.

Exemple :

⑫   ⑥   ⑥

N'oublie pas qu'à chaque étage du mobile, la somme des deux côtés doit être égale pour que le mobile reste en équilibre.

A   ⑧

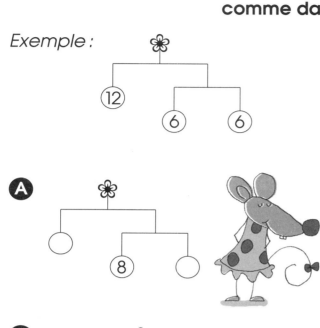

B   ④

C   ⑳

D   ⑮

E   ㉔

F   ㉕

G   ⑩⓪

124

Vive le vélo !

Cette semaine, Sarah et son amie ont toutes les deux fait du vélo avec leurs parents. Chaque jour cette semaine, elles ont noté combien de kilomètres elles ont parcourus.

1. À l'aide du graphique qu'a fait Sarah, écris dans le tableau combien de kilomètres elle a parcourus chaque jour.

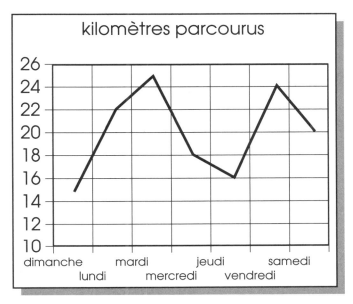

Kilomètres parcourus

dimanche	
lundi	
mardi	
mercredi	
jeudi	
vendredi	
samedi	

2. Voici les distances qu'a parcourues l'amie de Sarah. Illustre-les dans un graphique comme celui qu'a fait Sarah.

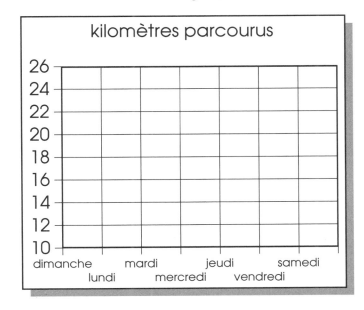

Kilomètres parcourus

dimanche	18
lundi	20
mardi	16
mercredi	21
jeudi	15
vendredi	17
samedi	24

Une lettre pour Mamie

Sarah veut écrire une lettre à sa grand-mère,
mais elle a oublié son adresse. Elle se souvient que son adresse
compte 3 chiffres et que ces chiffres sont 2, 5 et 7,
mais elle a oublié dans quel ordre ils vont...
Aide-la à trouver toutes les combinaisons possibles.

Mamie Chérie
???, rue des Peupliers
Sourisville (Québec) G2P 4K9

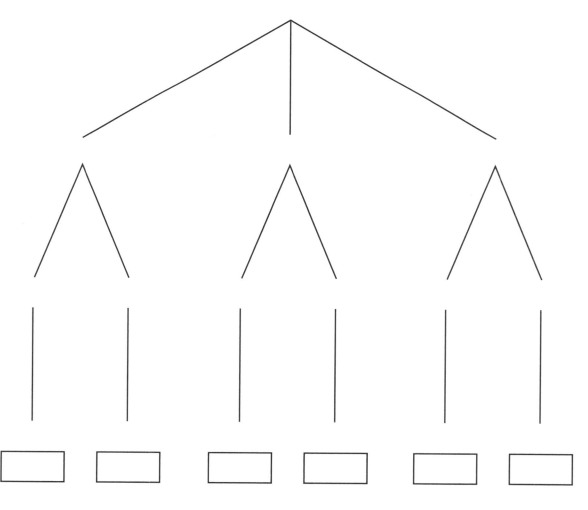

Un menu savoureux

Sarah et ses parents profitent de leurs vacances
pour aller souper au restaurant.
Voici la carte des plats offerts.

Entrées

Salade du chef	3 $
Nachos	4 $
Assiette de fromages	5 $
Soupe du jour	2 $

Plats principaux

Lasagne au four	10 $
Escalope de veau	13 $
Poitrine de poulet grillée	12 $
Brochette de fruits de mer	16 $
Darne de saumon	14 $

Desserts

Gâteau au fromage	5 $
Tarte aux pommes	3 $
Salade de fruits	2 $
Crème caramel	4 $

Boissons

Lait	2 $
Jus	2 $
Boissons gazeuses	3 $
Thé, café, tisane	1 $

1. Quel menu complet (entrée, plat principal, dessert et boisson) sera le plus cher?

_____

2. Quel menu complet sera le moins cher?

_____

3. Une cliente a 20 $. Sans jamais choisir deux fois le même plat, nomme trois menus complets différents qu'elle peut s'offrir avec cette somme d'argent.

Menu 1 : _____

Menu 2 : _____

Menu 3 : _____

_____

Mystérieuses soustractions

Effectue d'abord les soustractions ci-dessous.
Biffe ensuite chacune de tes réponses et la lettre correspondante.
Les lettres restantes formeront un mot mystère.

1. $877 - 626 =$ _____

2. $514 - 177 =$ _____

3. $915 - 206 =$ _____

4. $1\,782 - 285 =$ _____

5. $387 - 25 =$ _____

6. $1\,320 - 831 =$ _____

7. $637 - 91 =$ _____

8. $783 - 304 =$ _____

9. $434 - 289 =$ _____

10. $996 - 753 =$ _____

11. $1\,147 - 491 =$ _____

12. $1\,820 - 1\,004 =$ _____

13. $2\,432 - 1\,010 =$ _____

14. $936 - 504 =$ _____

15. $3\,209 - 915 =$ _____

479	J	1 497	T	489	P	251	D	362	L
2 294	V	1 422	B	656	E	432	H	300	O
337	A	546	N	155	M	71	P	145	V
797	E	243	Q	816	O	1 364	M	709	R

Le mot mystère est mon fruit préféré :

_____

Les multiplications en folie

Regarde attentivement le tableau ci-dessous.

X	1	2	3	4	5	6	7	8	9
1							V =		
2			♥ = 6						U =
3							I =		
4	É =				I =			T =	
5			O =					O =	
6						I =			
7		Q =		A =					E =
8			T =						
9					L =			N =	

1. Chaque fois qu'une lettre apparaît, écris le produit correspondant. Par exemple, le ♥ est dans la colonne 3 et dans la rangée 2; 3 x 2 = 6.

2. a) Parmi tous les produits que tu as trouvés dans l'exercice 1, trouve tous les nombres impairs, puis place-les en ordre croissant.

_____

b) Associe les lettres de l'exercice 1 aux nombres mis en ordre. Tu trouveras un des deux sports que Sarah compte pratiquer cet été.

_____

c) Refais la même chose avec les nombres pairs pour trouver le deuxième sport que Sarah a bien hâte de faire.

_____

129

Tout un dégât !

Par mégarde, Sarah a renversé de l'eau sur sa feuille
et des chiffres ont été effacés. Trouve les chiffres manquants.

1
```
    4 5 3
  +   6 8
  ─────────
    5 □ 1
```

2
```
    8 0 1
  - 1 3 1
  ─────────
    □ 7 0
```

3
```
    4 3 7
  -   2 9
  ─────────
    4 □ 8
```

4
```
    2 0 6
  + □ 3 6
  ─────────
    3 4 2
```

5
```
    8 9 6
  -   4 6
  ─────────
    8 □ 0
```

6
```
    5 7 □
  +   2 4
  ─────────
    6 0 0
```

7
```
    7 5 7
  - 1 □ 2
  ─────────
    5 8 5
```

8
```
    4 8 1
  + 1 9 5
  ─────────
    6 □ 6
```

9
```
    7 4 0
  -   3 6
  ─────────
    7 0 □
```

10
```
    □ 7 1
  + 1 3 9
  ─────────
    4 1 0
```

11
```
    □ 4 4
  - 5 5 5
  ─────────
    2 8 9
```

12
```
    2 6 9
  + 1 □ 3
  ─────────
    3 9 2
```

13
```
    5 5 0
  - 2 7 □
  ─────────
    □ 7 5
  + 1 2 □
  ─────────
    3 □ 8
```

14
```
    2 □ 2
  + 2 6 2
  ─────────
    □ 2 4
  - 1 3 9
  ─────────
    3 □ □
```

La marelle mathématique

Pour s'occuper pendant les vacances, Sarah a inventé un jeu de marelle mathématique et elle a besoin de ton aide pour jouer.

1. Place-toi à la case départ avec Sarah.

2. À partir du chiffre donné à la case départ, effectue toutes les opérations indiquées dans chacune des cases.

3. Quel nombre obtiendras-tu à l'arrivée? _____

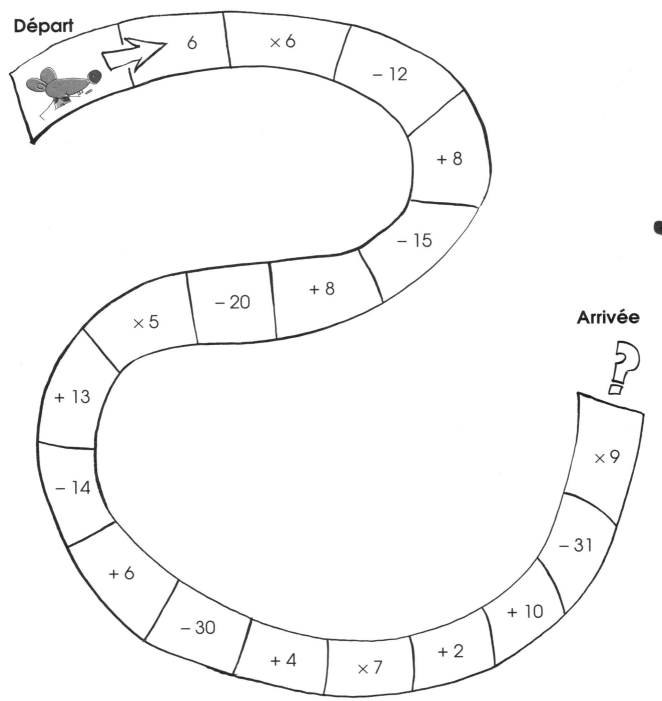

Départ

6 | × 6 | − 12 | + 8 | − 15 | + 8 | − 20 | × 5 | + 13 | − 14 | + 6 | − 30 | + 4 | × 7 | + 2 | + 10 | − 31 | × 9

Arrivée

?

Des golfeurs fatigués

Parmi les six golfeurs du haut, seulement quatre
ont complété leur parcours. Quels sont ceux
qui ont abandonné en cours de route?

Réponse : _____

À la recherche des hauts sommets

Sarah a décidé de faire de la marche en montagne
avec son oncle pour profiter de l'été au maximum.

Voici les montagnes qu'elle et son oncle ont escaladées.

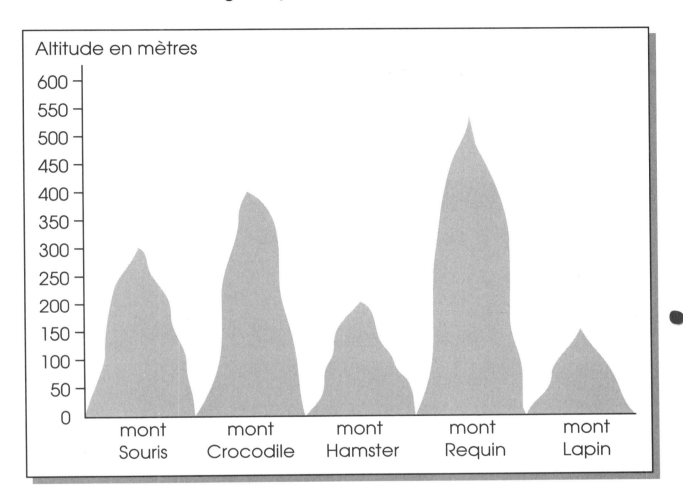

1. Quel mont a la plus haute altitude? _____

2. Quel mont a la plus basse altitude? _____

3. Quelle est la différence d'altitude entre le mont Hamster et le
   mont Souris? _____

4. Quelle est la différence d'altitude entre le mont Crocodile et
   le mont Lapin? _____

Blanc ou noir?

Sarah a inventé un nouveau jeu.
Elle a trouvé un jeton avec un côté noir et un côté blanc.
Elle lance son jeton trois fois de suite et note ses résultats.
Elle veut obtenir le plus grand nombre possible
de combinaisons différentes.

Complète le tableau suivant pour trouver toutes les combinaisons
différentes que Sarah pourrait obtenir.

1er lancer	2e lancer	3e lancer	combinaison
⚪	⚪	⚪	⚪ ⚪ ⚪
		⚫	
	⚫	⚪	
			⚪ ⚫ ⚫
⚫	⚪	⚪	
			⚫ ⚫ ⚪
		⚫	

134

Une journée rafraîchissante

Regarde attentivement l'illustration ci-dessous,
puis réponds aux questions suivantes.

1. Combien d'enfants sont dans le rectangle? _____

2. Combien d'enfants sont dans le triangle? _____

3. Combien d'enfants sont dans le carré? _____

4. À l'intersection de l'ovale et du triangle, trouve-t-on un garçon
   ou une fille? _____

5. Y a-t-il des enfants à l'extérieur des formes?
   Si oui, combien? _____

6. Quel objet trouve-t-on immédiatement à gauche du carré?

   _____

Des cubes à profusion!

1. Trouve le nombre de cubes nécessaires pour construire chacun de ces solides.

a)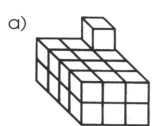

b)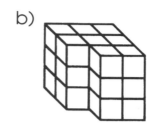

c)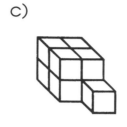

d)

_____

e)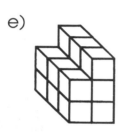

f)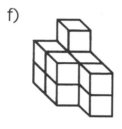

g)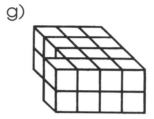

h)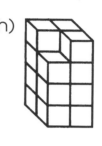

_____

2. Place les solides suivants en ordre décroissant selon le nombre de cubes utilisés pour les construire.

a)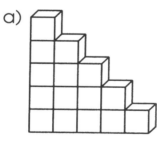

b)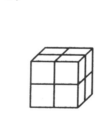

c)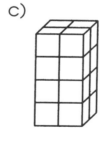

_____

d)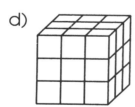

e)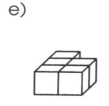

f)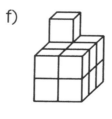

_____

Des coordonnées de vacances

Sarah t'a envoyé des mots secrets.
À l'aide des coordonnées qui te sont fournies,
découvre les lettres formant les mots secrets.

6	G	L	P	O	T	C	A	H	E
5	C	J	E	M	I	A	I	P	A
4	E	I	R	E	G	D	S	O	C
3	N	S	C	N	P	R	L	T	A
2	T	A	G	C	F	O	C	I	Y
1	V	M	B	E	R	N	E	S	L
	A	B	C	D	E	F	G	H	I

1. (G,4) (F,2) (B,6) (D,1) (G,5) (I,1)

_____

2. (C,6) (I,1) (F,5) (E,4) (I,6)

_____

3. (A,1) (F,5) (G,2) (B,2) (F,1) (F,6) (D,4) (B,3)

_____

4. (I,4) (B,2) (D,5) (E,3) (B,4) (A,3) (A,6)

_____

5. (D,6) (C,3) (G,1) (F,5) (D,3)

_____

6. (C,1) (E,5) (G,2) (I,2) (A,5) (G,3) (C,5) (A,2) (E,6) (A,4)

_____

Tout un spectacle !

Sarah et ses amis préparent une pièce de théâtre.
Ils travaillent actuellement à la conception de la scène et des décors.
Observe attentivement le plan ci-dessous.

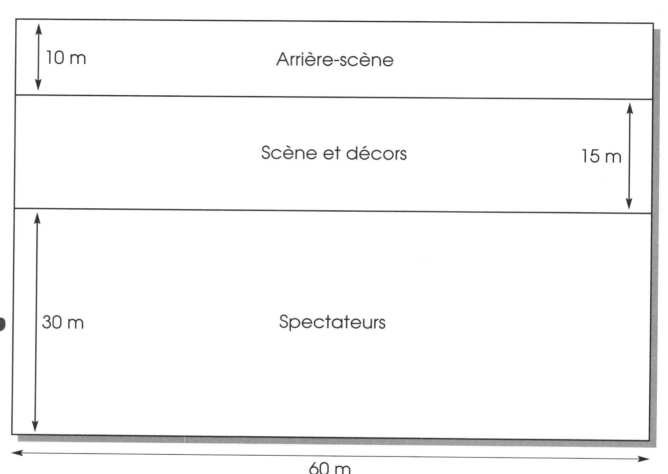

1. **Mesure le périmètre de l'arrière-scène.**

_____

2. **Mesure le périmètre de la scène et des décors.**

_____

3. **Mesure le périmètre de l'espace réservé aux spectateurs.**

_____

4. **Quel est le périmètre de la salle de spectacle
(arrière-scène, scène et décors et spectateurs) ?**

_____

Estimons les mesures...

Encercle la bonne réponse.

1. Le siège d'une chaise est :
   a) à plus de 1 m de hauteur
   b) à environ 1 m de hauteur
   c) à moins de 1 m de hauteur

2. Une porte mesure :
   a) plus de 1 m
   b) environ 1 m
   c) moins de 1m

3. La longueur d'un terrain de tennis est :
   a) de plus de 1 km
   b) d'environ 1 km
   c) de moins de 1 km

4. En 5 minutes, un marcheur parcourt :
   a) plus de 1 km
   b) environ 1 km
   c) moins de 1 km

5. La largeur d'un four à micro-ondes est :
   a) de plus de 1 m
   b) d'environ 1 m
   c) de moins de 1 m

6. La longueur d'une brosse à cheveux est :
   a) de plus de 2 dm
   b) d'environ 2 dm
   c) de moins de 2 dm

7. L'épaisseur d'une calculatrice est :
   a) de plus de 1 cm
   b) d'environ 1 cm
   c) de moins de 1 cm

8. En 15 minutes, un coureur parcourt :
   a) plus de 1 km
   b) environ 1 km
   c) moins de 1 km

Le corrigé

Page 10
1. a) 0 ; b) 4 ; c) 6 ; d) 3 ; e) 8 ; f) 2 ; g) 6 ; h) 8.
2. a) 87 ; b) 423 ; c) 18 ; d) 222 ; e) 1 284 ; f) 3050.

Page 11
La gagnante est Karine.

Page 12
1. 7, 17, 27, 37, 47, 57, 67, 70, 71, 72, 73, 74, 75, 76, 77, 78, 79, 87, 97 ; 2. 37 ; 3. 2 ; 4. croissant ; 5. 16 ; 6. 10 ; 7. 63 ; 8. 8 ; 9. 56 ; 10. 10.

Page 13

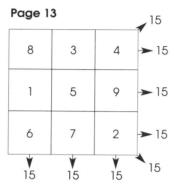

Page 14
1. a) 39 ; b) 58 ; c) 77 ; d) 100 ; e) 92 ; f) 73 ; g) 21 ; h) 13 ; i) 12 ; j) 67 ; k) 59 ; l) 18.

Page 15
1. a) 12 ; b) 20 ; c) 15 ; d) 49 ; e) 42.
2. a) 1, 22 ; b) 5, 30 ; c) 1, 4, 16 ; d) 1, 2, 12.

Page 16
1. Mathieu ; 2. spirale, bolo ou livre et crayon ; 3. 361 ; 4. 581 ; 5. 577.

Page 17
Le nombre caché est le 98.

Page 18
1. a) > ; b) < ; c) < ; d) = ; e) >.
2. a) 86 > 78 > 73   c) 35 < 44 < 49
   b) 93 > 53 = 53   d) 62 > 20 < 21

Page 19

	A au moins un angle droit	A au moins un angle aigu	A au moins un angle obtus
Quadrilatère	e	c, f, i	c, f, i
Autre polygone	g	a, g, h, j	b, h, j

Page 20
1. Le tapis 3
2. b) ; d) ; a) ; c)

Page 21
1. bleu : salle de bains ; 2. rouge : chambre du bébé ; 3. vert : salon ; 4. jaune : chambre de Sarah ; 5. rose : cuisine ; 6. orange : chambre des parents ; 7. mauve : sous-sol avec salle de jeu.

Page 22

Solide	Figures				
	Triangle	Cercle	Rectangle	Carré	Hexagone
1	x		x		
2	x	x			
3				x	
4		x	x		
5	x			x	
6					
7			x		x
8			x	x	

Page 23
3, 4, 8.

Page 24
1. m ; 2. dm ; 3. dm ; 4. m ; 5. dm ; 6. dm ; 7. m.

Page 25
1. vrai ; 2. vrai ; 3. faux ; 4. faux ; 5. faux ; 6. faux ; 7. vrai ; 8. faux ; 9. vrai ; 10. faux ; 11. faux ; 12. faux.

Page 26
Dans le ventre de maman, 2 dm et 5 cm ; à 2 mois, 59 cm ; à 6 mois, 67 cm ; à 1 an, 8 dm ; à 4 ans, 1 m et 5 cm ; à 6 ans, 1 m et 20 cm ; à 8 ans, 1 m et 25 cm.

Page 28
rouge : a) e)   vert : b) f)   bleu : c) d)

Page 30

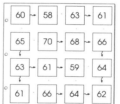

Page 31
1. a) 266 ; b) 878 ; c) 951 ; d) 423 ; e) 545 ; f) 479 ; g) 127 ; h) 632 ; i) 719 ; j) 513.
2. a) 67 ; 236 ; 458 ; 903 ; 1 222 ; 2 146.
   b) 421 ; 800 ; 1 021 ; 1 613 ; 2 141 ; 6 261.

Page 32
1. 75 $; 2. 413 $; 3. 389 $; 4. a) 87 $; b) 87 $.

Page 33
1. Deux tulipes jaunes ;
2. Deux beignes au chocolat ;
3. Des pâtes.

Page 34
La réponse est pastèque.

Page 35
Section rouge, 4e siège de la rangée C.

Page 36
1) 8 ; 2) 3 ; 3) 2 ; 4) 7, 8 ; 5) 6 ; 6) 0 ; 7) 3 ; 8) 5 ; Sébastien.

Page 37
1. a) 18 ; b) 3 ; c) 3 ; d) 6 ; e) 1 ; f) 2 ; g) 1 ; h) 9 ; i) 8 ; j) 5.
2. a) 42 points ; b) 39 points.

Page 38
a) oiseau ; b) poule ; c) chat ; d) renard ; e) lapin ; f) chien ; g) baleine ; h) canard ; i) bœuf ; j) canard ; k) mouton ; l) canard.

Page 39

	A	B	C	D	E	F	G	H
1	2	5	■	■	1	3	■	3	6
2	2	0	■	1	7	9	■	■
3	5	■	2	4	■	5	2	3
4	■	0	■	6	4	7	■	■
5	1	1	0	■	9	■	3	1
6	6	2	■	2	7	8	■	5

Page 40
777 ; 779 ; 797 ; 799 ; 977 ; 997 ; 999.

Page 41
Couleur 1 : 0×5 ; 4×0 ; 3×0 ; 0×7 ; 0×8 ;
couleur 2 : 3×8 ; 4×6 ; 12×2 ; 6×4 ;
couleur 3 : 12×1 ; 6×2 ; 4×3 ; 3×4 ; 2×6 ;
couleur 4 : 3×6 ; 2×9 ; 6×3 ;
couleur 5 : 4×5 ; 10×2 ; 5×4 ; 2×10.

Page 42
1.

2. 1

Page 43
1. une chaise ; 2. une maison ; 3. un escalier ; 4. un 8.

Page 44
1. b) prisme triangulaire ; 2. e) cube ;
3. c ; pyramide à base carrée ; 4. d ; cône.

Page 45
1. 6 cm² ; 2. 3 cm² ; 3. 7 cm² ; 4. 6 cm² ; 5. 6 cm².

Page 47
Jaune : 4, 9, 16, 25, 36, 49 ; rouge : 2, 3, 5, 7, 11, 13, 23, 29, 43 ; bleu : 6, 8, 10, 12, 15, 18, 21, 27, 32.

Page 48
1. a) 7 605,28 ; b) 24 387,59 ; c) 3 746,65.
2. a) 9,95 ; b) 124,3 ; c) 250,34.

Page 49
1. 18 dm.
2. a) 28 dm ; b) 2,8 m.

Page 50
Le trajet le plus court : 3. Le trajet le plus long : 5.

Page 51
1. faux ; 2. vrai ; 3. faux ; 4. vrai ; 5. vrai ; 6. faux ;
7. faux ; 8. vrai ; 9. faux ; 10. vrai ; 11. faux ; 12. vrai.

Page 52
1. 1 h 30 ; 2. 1 h 45 ; 3. moins ; 4. plus.

Page 54
Or : Habib ; argent : Jonathan ; bronze : Nina.

Page 55
a) Croque-Arts ; b) Croque-Géo ; c) 40 points ;
d) Croque-Notes.

Page 56
27 = 13 + 14
27 = 12 + 15
27 = 11 + 16
27 = 10 + 17
27 = 9 + 18
27 = 8 + 19
27 = 7 + 20
27 = 6 + 21

Page 57
Clarinette.

Page 58
1. 800 km ; 2. 6 autocollants ; 3. 24 crayons ;
4. 45 chatons ; 5. 10 minutes.

Page 59
1. 853 ; 877 ; 854 ; 866 ; 860 ; 700 ; 891 ; 453.
2. 801 ; 434 ; 435 ; 155 ; 48 ; 887 ; 777 ; 501.
3. 14 ; 20 ; 10 ; 4.

Page 60
Kevin.

Page 61
406, 423, 462, 467, 476, 496, 563, 569, 576, 579, 601, 604, 623, 669.

Page 62
1. a) 117 = 100 + 10 + 7 ; 117 = 100 + 17.
   b) 235 = 200 + 30 + 5 ; 235 = 200 + 35.
   c) 2 173 = 2 000 + 100 + 70 + 3 ; 2 173 = 2 000 + 173.
   d) 1 322 = 1 000 + 300 + 20 + 2 ; 1 322 = 1 000 + 322.
2. a) 327 ; b) 438 ; c) 2 616 ; d) 551 ; e) 1 142 ; f) 739.

Page 63
1. Catherine.
2. 30 + 13 ; 31 + 12 ; 32 + 11 ; 33 + 10 ; 25 + 18 ; 26 + 17 ; 22 + 21 ; 19 + 24.
3.

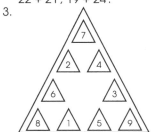

Page 64
Bateau.

Page 65
2. (J,1) ; 3. (B,3) ; 4. (D,1) ; 5. (C,6) ; 6. (E,2) ; 7. (G,5) ;
8. (I,3) ; 9. (F,4) ; 10. (I,7).

Page 66
F.

Page 67
Rouge : a, c, e, g ; bleu : c, j, l.

Page 68

	1	2	3	4	5
Nombre de carrés	0	0	6	0	0
Nombre de rectangles	6	6	0	5	3
Nombre de triangles	0	0	0	0	2
Nombre de faces	8	8	6	7	5
Nombre de sommets	10	12	8	10	6
Nombre d'arêtes	18	18	12	15	9
Solide concave (O ou N)	N	O	N	N	N

Page 69
1.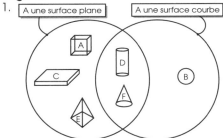

Page 70

a, e, f, h, j, n.

Page 72

1. $\overline{BC}$ = 9 cm ; $\overline{CD}$ = 3 cm ; $\overline{DE}$ = 7 cm ; $\overline{EF}$= 10 cm ; $\overline{FG}$ = 4 cm ; $\overline{GH}$ = 1 cm ; $\overline{AH}$ = 12 cm.
2. 51 cm ; 3. a) 30 ; b) 200 ; c) 5 ; d) 60 ; e) 10 ; f) 70.

Page 73

Sarah.

Page 74

1. 15 dessins ; 2. 12 dessins.

Page 75

a) 11 ; b) 2 ; c) 14 ; d) 9 ; e) 3 ; f) 7.

Page 77

1. a) 76 ¢ ; b) 96 ¢ ; c) 85 ¢ ; d) 88 ¢ ; e) 72 ¢.
2. a) 22 ¢ ; b) 10 ¢ ; c) 2 ¢ ; d) 26 ¢ ; e) 13 ¢.
3. le crayon ; 4. la gomme à effacer ;
5. Benjamin et Karim.

Page 78

1. 0, 3, 6, 9, 12, 15, 18, 21, 24, 27, 30.
2. 779, 780, 781, 782, 783, 784, 785, 786, 787.
3. 4, 8, 12, 16, 20, 24, 28, 32.
4. 58, 125, 215, 389, 538, 839, 899, 998.
5. 967, 832, 796, 679, 504, 405, 382, 283.
6. a) > ; b) > ; c) > ; d) < ; e) < ; f) > ; g) > ; h) < ; i) < ; j) <.

Page 79

1. 354 : trois cent cinquante-quatre ; 121 : cent vingt et un ; 932 : neuf cent trente-deux ; 660 : six cent soixante ; 87 : quatre-vingt-sept.
2. b) cent vingt-neuf = 129 = 100 + 29
   c) trois cent soixante-quinze = 375 = 300 + 75
   d) huit cent quatre-vingt-dix = 890 = 800 + 90
   e) six cent quarante-deux : 642 = 600 + 42
   f) deux cent cinquante-cinq = 255 = 200 + 55

Page 80

J'aime le printemps.

Page 81

1. 334 ; 2. 443 ; 3. 464 ; 4. 227.

Page 82

1. a) ... 135, 133, 138, 136 = +5, -2
   b) ... 679, 676, 677, 687 = + 10, -3, + 1
   c) ... 101, 102, 111, 112 = +9, + 1
   d) ... 266, 277, 288, 299 = + 11
   e) ... 426, 429, 421, 424 = -8, + 3

Page 83

1. 27 $; 2. 4 élèves ; 3. 128 élèves ; 4. 29 $;
5. 126 élèves.

Page 84

Colonne 1	Colonne 2
1. 9	2. 10
3. 11	4. 29
5. 13	6. 19
7. 15	8. 5
9. 19	10. 0
11. 9	12. 28
13. 12	14. 10
15. 15	16. 7
17. 16	18. 9
19. 11	20. 44
21. 12	22. 12
23. 40	24. 14
25. 15	26. 35
27. 15	28. 36
29. 9	30. 7

Page 85

Horizontalement : 1. division ; 2. carré ; 4. addition, cent ; 6. somme, six ; 7. mètre ; 9. demie ; 11. pair ; 12. soustraire ; 14. arêtes.
Verticalement : 2. dizaine, impair ; 4. produit ; 5. dix ; 9. nombres ; 11. chiffres ; 14. centaine ; 15. terme.

Page 86

1. (E,5) ; 2. (E,1) ; 3. (F,6).

Page 87

1. 53 ; 2. 54 ; 3. 74 ; 4. 42 ; 5. 79 ; 6. 116.

Page 88

Elle t'a fait colorier le chemin de deux couleurs différentes.

Page 90

1. lignes brisées : 1, 3, 5, 7, 9, 10, 12, 13, 14, 18
   lignes courbes : 2, 4, 6, 8, 11, 15, 16, 17
2. 1, 5, 7, 9, 10, 12, 18
3. 1, 5, 7, 9, 10, 12, 13, 14, 18
4. 1, 5, 10, 12, 14

Page 93

a) < ; b) > ; c) > ; d) < ; e) > ; f) > ; g) = ; h) <.

Page 94

Une fleur.

Page 95

2.

Mètres	Décimètres	Centimètres
8	80	800
2	20	200
7	70	700
9	90	900
3	30	300
6	60	600
4	40	400
1	10	100

Page 96

1. a) 6 ; b) 9 ; c) 14 ; d) 12 ; e) 8 ; f) 14.
2. a) 5 ; b) 6 ; c) 12 ; d) 6 ; e) 11 ; f) 10.

Page 97

1. 100 cm ; 2. 4 m ; 3. 15 dm ; 4. 10 m ; 5. 10 m ;
6. 11 dm ; 7. 18 dm ; 8. 15 cm.

Page 99

1. a) 100 ; b) 65 ; c) 130 ; d) 115 ; e) 40 ; f) 150.

Page 100

2. numéros variés, théâtre, comédie musicale, chant, danse, humour ; 3. 35 ; 4. théâtre et humour ; 5. numéros variés.

Page 102

1. 15 personnes ; 2. 36 minutes ; 3. 54 élèves ;
4. 21 élèves ; 5. 56 chaises ; 6. 8 personnes ;
7. 8 élèves ; 8. 35 $.

Page 103

1. Marie ; 2. Martin ; 3. Carlie ; 4. Ryan ; 5. Tina ;
6. Rémi.

Page 105

1. 42 tomates ; 2. 36 $; 3. 45 $; 4. 5 $; 5. 33 $;
6. 10 boîtes.

Page 106

1. a) 167 ; b) 369 ; c) 399 ; d) 286 ; e) 78 ; f) 117 ;
   g) 189 ; h) 309.

2. a) 347 ; b) 79 ; c) 78 ; d) 219 ; e) 534 ; f) 59 ;
g) 177 ; h) 89.

Pages 107
1. a) 147 km ; b) 649 km ; c) 135 km ; d) 253 km ;
e) 831 km ; f) 240 km ; g) 930 km.
2. a) Québec et Trois-Rivières ; b) 135 km.
3. a) Montréal et Gaspé ; b) 930 km.
4. 387 km ; 5. b ; 6. a) 7 h ; b) 4 h 30 ; c) 1 h 30 ; d) 2 h.

Page 109
1. a) 1/7 ; b) 1/12 ; c) 1/2 ; d) 1/24 ; e) 1/60 ; f) 1/4 ;
g) 10/12 ; h) 1/60.

Page 110
1. itinéraire B ; 2. itinéraire A ; 3. Saint-Eustache →
Montréal → Terrebonne ; 4. Blainville → Terrebonne →
Montréal → Saint-Eustache.

Page 112
prismes rectangulaires : 1, 2 ; prismes triangulaires :
6, 7 et 11 ; pyramides : 4, 5 et 14 ; autres : 3, 10 et 15.
cône : 12 ; cylindres : 9 et 13 ; boule : 8 ; autres : aucun.

Page 113
1 et E ; 2 et C ; 3 et B ; 4 et D ; 5 et F ; 6 et A.

Page 114
1. droite ; 2. droite ; 3. gauche ; 4. droite ; 5. gauche ;
6. droite ; 8. gauche.

Page 115
1. 12 ; 2. 16 ; 3. 8 ; 4. 15 ; 5. 3 ; 6. 24 ; 7. 13 ; 8. 27 ; 9. 18 ;
10. 24 ; 11. 9 ; 12. 9 ; 13. 15 ; 14. 26 ; 17. 27 ; 16. 15.

Page 116
$\overline{AB}$ = 5 cm ; $\overline{BC}$ = 7 cm ; $\overline{CD}$ = 3 cm ; $\overline{DE}$ = 5 cm ;
$\overline{EF}$ = 7 cm ; $\overline{FG}$ = 11 cm ; $\overline{GH}$ = 11 cm.

Page 118
9 ; 98 ; 987 ; 9 876 ; 98 765 ; 987 654 ; 9 876 543 ;
98 765 432 ; 987 654 321.

Page 120
1. 2 ; 2. 8 ; 3. 8 ; 4. 4 ; 5. 0 ; 6. 9 ; 7. 8 ; 8. 28 ; 9. 9 ; 10. 11 ;
11. 3 ; 12. 5 ; 13. 28 ; 14. 9 ; 15. 4 ; 16. 2 ; 17. 4 ; 18. 63 ;
19. 4 ; 20. 53.

Page 121
1. a) 14 $; b) 6 $; 2. a) 72 entrées ; b) 126 $;
3. a) 876 $; b) 124 $.

Page 122
Bicyclette.

Page 123
1. volume ; 2. impair ; 3. dizaine ; 4. équation ;
5. quadrilatères ; 6. aire ; 7. unités ; 8. centaine ;
9. pairs ; 10. mille ; 11. chiffres.

Page 124
a) 16, 8, 8 ; b) 8, 8, 8, 4, 4 ; c) 80, 40, 20, 10, 10 ;
d) 30, 15, 15 ; e) 24, 12, 12 ; f) 50, 25, 25 ;
g) 400, 400, 200, 200, 200, 100, 100.

Page 125
1.

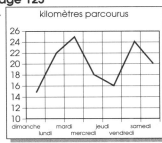

Kilomètres parcourus	
dimanche	15
lundi	22
mardi	25
mercredi	18
jeudi	16
vendredi	24
samedi	20

2.

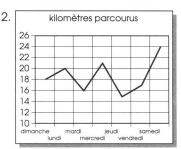

Kilomètres parcourus	
dimanche	18
lundi	20
mardi	16
mercredi	21
jeudi	15
vendredi	17
samedi	24

Page 126
257, 275, 527, 572, 725, 752.

Page 127
1. assiette de fromages, brochette de fruits de mer,
gâteau au fromage et boisson gazeuse.
2. soupe du jour, lasagne au four, salade de fruits et
thé ou café ou tisane.

Page 128
Pomme.

Page 129
2. a) 7, 15, 21, 45, 63 ; b) voile ; c) équitation.

Page 130
1. 511 ; 2. 670 ; 3. 408 ; 4. 136 ; 5. 850 ; 6. 576 ; 7. 172 ;
8. 676 ; 9. 704 ; 10. 271 ; 11. 844 ; 12. 123 ; 13. 275, 275,
123, 398 ; 14. 262, 524, 385.

Page 131
81.

Page 132
1 et 5.

Page 133
1. mont Requin ; 2. mont Lapin ; 3. 100 m ; 4. 250 m.

Page 134

1er lancer	2e lancer	3e lancer	combinaison		
○	○	○	○	○	○
		●	○	○	●
	●	○	○	●	○
		●	○	●	●
●	○	○	●	○	○
		●	●	○	●
	●	○	●	●	○
		●	●	●	●

Page 135
1. 4 enfants ; 2. 3 enfants ; 3. 4 enfants ; 4. une fille ;
5. oui, un enfant ; 6. un parasol.

Page 136
1. a) 25 ; b) 24 ; c) 9 ; d) 5 ; e) 15 ; f) 11 ; g) 26 ; h) 15.
2. a) 15 ; b) 8 ; c) 16 ; d) 27 ; e) 5 ; f) 13 = d, c, a, f, b, e.

Page 137
1. soleil ; 2. plage ; 3. vacances ; 4. camping ;
5. océan ; 6. bicyclette.

Page 138
1. 140 m ; 2. 150 m ; 3. 180 m ; 4. 230 m.

Page 139
1. c ; 2. a ; 3. c ; 4. c ; 5. c ; 6. c ; 7. b ; 8. a.

L'index des sujets

144

Achevé d'imprimer au Canada en septembre 2004